청 | 약 | 순 | 서 | 도

1 ⟶ **2** ⟶

주택청약
종합저축가입
(서울 및 수도권 투기지역인 경우)

- 공공주택 1순위 요건 :
  가입 후 24개월 경과,
  24회 이상 납입
- 민간주택 1순위 요건 :
  가입 후 24개월 경과,
  지역별 예치금액 납입

원하는 아파트 유형
선택

- 민간분양 또는 공공분양
- 공공임대주택, 민간임대주
  택, 공공지원 민간임대주
  택, 지분적립형 분양주택,
  신혼희망타운 등

5 ⟶ **6** ⟶

분양정보
확인

- 청약홈에서 입주자 모집공
  고 확인
- 모델하우스 방문
- 건설지역 방문, 주변 환경
  점검하기

청약홈에서
청약 신청

- 만약 특별공급 신청이 수
  요일이라면 1순위는 목요
  일, 1순위 미달 시 2순위는
  금요일에 청약 접수를 받
  음

3

특별공급
자격요건 확인

- 신혼부부, 다자녀,
  노부모부양, 생애최초,
  기관 추천

4

청약통장 점검

- 면적별, 지역별 예치금
  점검
- 지역에 따라 청약 조건에
  유리한 사람으로 세대주
  변경
- 거주지역 확인
- 자산 및 대출 가능액 점검

7

당첨자 확인
청약홈

8

당첨자 계약, 입주

- 분양 계약, 계약금 납부
- 중도금 대출 받기
- 발코니 확장 등 옵션 신청
- 사전점검
- 잔금 납부 및 이사

내 청약통장
사용설명서

내 청약통장
사용설명서

청약통장은 있는데 청약은 모르는
3040 무주택자를 위한 내 집 마련의 기본

눈을떠요 지음

世和知
세이지

무주택자들에게 열리는
절호의 기회들

요즘은 세 사람 이상만 모여도 대화 주제가 아파트 이야기로 자연스레 이어집니다. 예전에는 부동산이 어르신들의 리그였지만 최근 몇 년 사이 20대~30대의 관심이 폭발적으로 늘어났습니다. 입지 좋은 수도권 아파트의 공급 부족으로 꾸준히 집값이 올랐기 때문입니다.

몇 년 전 무리해서 집을 산 친구, 로또 청약에 당첨되었다는 지인의 이야기는 이제 그냥 흘러들을 수 없는 부러움의 대상이 되었습니다. 결혼을 하든 하지 않든 건물주는 못 되더라도 아파트 한 채는 있어야겠다고 생각하는 사람들이 늘고 있는 이유입니다.

특히 새 아파트에 대한 열망이 청약 시장에 불을 지피는 데 한몫 합니다. 서울은 물론 1990년대 초 대규모로 개발한 1, 2기 신도시 가 약 30년의 세월을 지나며 노후되었지만, 수요가 높은 지역에 걸 맞은 대규모 공급은 이루어지지 않았습니다. 그러다 보니 웅장한 외관과 라이프스타일에 맞춘 편리한 새 아파트는 누구에게나 살 고 싶은 곳으로 다가옵니다. 지상은 공원으로 만들어져 자동차 걱 정 없이 아이가 마음껏 뛰어놀 수 있고, 가족의 자동차가 주차장에 들어서면 알람이 울리며, 전기사용량을 실시간으로 체크해 전력 소비 절감도 할 수 있는 각종 첨단 시스템은 요즘 사람들의 마음을 사로잡습니다.

게다가 일정 수준 아래의 가격으로 분양하는 분양가 상한제 적 용으로 새 아파트를 시세보다 저렴하게 공급받을 수 있고, 아파트 건설과 함께 생활에 편리한 인프라가 개발되는 3기 신도시 청약도 예정되어 있어 청약 시장의 열기는 점점 더 뜨거워질 전망입니다.

이제 곧 무주택자를 위한 청약 시대가 열립니다

앞으로는 집값을 잡겠다는 정부의 강력한 의지로 2020년부터 순차적으로 수도권 택지를 개발해 경기도에 36만 호, 서울특별시에 12만 호, 인천광역시에 9만 호, 총 84만 호 신규 주택을 공급하겠다고 발표했습니다. 전체 물량의 90%는 선호도가 높은 조정대상지역과 투기과열지구에 공급하여 실수요자의 주거 안정을 보장하겠다고 합니다. 보통 아파트와 일반 주택 등을 포함한 수도권의 1년 주택 수요량이 15만 호 정도라고 하니 계획대로 이루어진다면 그 공급 규모가 어느 정도로 큰지 느껴지실 겁니다.

2020년 공급된 지역은 인천 검단, 과천지식정보타운, 화성 동탄, 오산 세교2, 영종 하늘도시 등이며 2021년에는 성남 복정1, 시흥 거모, 안산 신길2, 과천 주암 등이 있었습니다. 2022년에는 3기 신도시인 부천 대장, 하남 교산, 인천 계양, 고양창릉 등의 지역에서 공공분양 사전청약이 성황리에 마감됐습니다. 그동안 무주택자라는 설움으로 불안하고 초조한 마음이 있었다면 이제는 어느 곳에 내 집을 마련하면 좋을지 고민해도 좋을 때가 된 것입니다.

이러한 소식에 의무적으로 가입하고 묻어만 두었던 청약통장을 괜스레 들춰보게 됩니다. 아마도 대부분의 사람들이 취업하면 다른 건 몰라도 청약통장은 꼭 만들어두라는 주변의 조언을 들어보았을 것입니다. 급여통장과 함께 청약통장을 만들어 한 달에 적게는 2만원부터 많게는 10만 원씩 꾸준히 넣어온 사람들이 많습니다. 차곡차곡 돈을 넣으면서도 도대체 이 통장은 언제 써보나 하는 생각을 했을 것입니다. 그런데 지금껏 가지고만 있던 청약통장이 드디어 쓸모를 발휘하게 되었습니다. 일단 청약통장만 있으면 청약을 넣어볼 수 있다고 하니 청약 열풍을 보면서 너도나도 방치해두었던 청약통장을 꺼내든 것입니다.

2019년 10월 하나금융경영연구소에서 발표한 〈국내 주택청약통장 시장 동향 및 가입자 분석〉 자료에 따르면, 우리나라 청약통장 가입자는 2019년 7월을 기준으로 2,500만 명을 넘어섰습니다. 이는 전체 인구의 약 48%로 둘 중 하나는 청약통장을 가지고 있다는 것입니다.

특히 20대~30대의 가입 비중이 높습니다. 2019년에는 20대 가입자가 30대를 추월했고 10대 미만도 인구 대비 가입자 수가 42.4%나 된다는 사실은 눈여겨볼 만합니다. 물론 다른 금융상품보다 이자가 높고 소득공제도 가능하다는 점도 가입자 증가에 큰 역할을 했습니다. 그렇다 해도 우리나라 인구의 절반이나 되는 높은 가입률은 사람들이 새로 지은 아파트에 입주하길 얼마나 바라고

있는지를 너무나 잘 보여줍니다. 이제 아파트 청약은 국민의 뜨거운 관심사입니다.

차곡차곡 모아온 청약통장을 보며 신축 아파트 입주를 꿈꾸고 계신가요? 주변 사람들은 물론이고 뉴스, 실시간 검색어까지 청약이라는 단어가 툭하면 들려오는 요즘입니다. 도대체 청약이 정확히 무엇인지, 어떻게 해야 당첨될 수 있는지 궁금해 이 책을 펼치셨나요? 그렇다면 지금부터 청약에 대해 하나씩 알아보며 '내 집'이라는 꿈을 현실로 만드는 방법에 한 발짝 더 가까이 다가가보겠습니다.

차
례

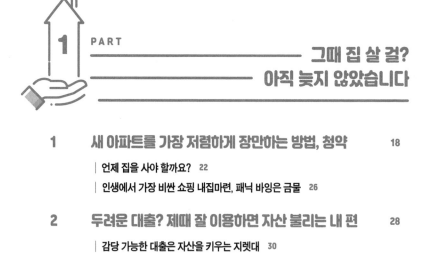

PART

그때 집 살 걸?
아직 늦지 않았습니다

2 PART

꿈꾸던 지역의 아파트 분양, 내 집으로 만드는 청약 실전

3 PART

"청약 당첨을 축하드립니다" 자금 마련과 입주 준비

PART 1

그때 집 살 걸?
아직 늦지 않았습니다

새 아파트를 가장 저렴하게 장만하는 방법, 청약

부동산을 매입하는 여러 방법 중 가장 접근하기 쉽고 안전한 방법은 청약입니다. 매매는 당장 수억 원의 목돈을 한 번에 지불해야 해서 부담이 큽니다. 경매는 공부를 많이 해야 합니다. 발품을 팔아야 하고 빠른 정보와 좋은 물건을 알아보는 경험이 중요합니다. 단순히 실거주할 한 번의 부동산 매수를 위해 뛰어들기에는 어려운 분야입니다.

청약은 조건만 맞으면 쉽게 도전할 수 있습니다. 이왕 만들어

두었던 청약통장을 적극 활용한다는 면에서도 보람이 있습니다. 내가 청약을 신청할 아파트가 분양 가격을 산정할 때 원가에 기준을 두는 분양가상한제를 적용한다면 주변 아파트보다 15%~30% 가량 저렴하게 새 아파트를 마련할 수 있습니다. 한 번에 목돈을 지불해야 하는 매매와 달리 계약금 10%만 내면 내 집이라는 도장을 땅땅 찍고 아파트가 준공되는 3년의 시간을 벌 수 있는 장점도 있습니다.

그 기간 동안 시세가 오른다면 그 또한 내 차지입니다. 9억 이상 고가주택이 아니라면 큰 문제없이 중도금 대출도 나옵니다. 중도금 대출 무이자 혜택이 있다면 그보다 좋을 수는 없습니다. 아파트를 짓는 3년 동안 모은 돈과 전세금으로 잔금을 치르고 부족한 금액은 주택담보대출을 받아 새집에 입주합니다. 간단합니다.

청약통장은 단어 그대로 청약을 넣을 수 있게 해주는 통장입니다. 아파트 청약이라면 어떤 것이든 넣을 수 있습니다. 공공분양, 민간분양, 장기전세, 행복주택 모두 가능합니다. 청약통장은 아파트 청약 시장 입장권과 같습니다. 입장권이 있는 사람은 누구든 청약 시상에서 원하는 아파트에 분양 신청을 할 수 있습니다.

그러나 청약통장은 만들자마자 사용

할 수는 없습니다. 최소 6개월 이상 납입하고 보유해야 합니다. 입장권 예매가 너무 쉬우면 누구나 바로 입장할 수 있어서 청약 시장이 혼란스러워집니다. 이를 방지하기 위한 장치입니다. 중요한 사실은 그러한 조건에도 이미 전 국민의 절반이 청약통장을 보유하고 있으니 경쟁은 계속 치열하다는 것입니다.

　서둘러 입장하더라도 난관에 봉착합니다. 청약 시장이 생각보다 친절하지 않아서 말입니다. 청약을 넣으려고 하니 1순위, 당해 요건, 세대주, 부양가족, 추첨제, 무순위 청약 등 생소한 말투성이입니다. 통장만 있으면 신청할 수 있는 줄 알았던 청약인데 꽤 복잡합니다. 주변 이야기를 들어보면 젊고, 결혼 안 하고, 아이가 없으면 점수가 낮아 넣을 만한 청약도 없다고 합니다. 그런데 또 싱글이라는 친구의 친구는 작년에 청약통장을 만들어 어느 아파트에 당첨이 되었다고 하니 대체 그 기준은 무엇인지 알쏭달쏭합니다.

　게다가 당첨되려고 넣는 청약인데 당첨되어도 걱정입니다. 그 다음 단계들은 어떻게 되는지, 내가 감당할 수 있는 것들일지, 부적격자는 또 무엇인지…. 몇 억이나 하는 아파트를 신청하는 일이니 당연히 부담스럽습니다. 청약 당첨이 발표되고 나면 프리미엄이 얼마라고도 하는데 그건 또 무슨 이야기인지, 프리미엄 거래도 한다던데 합법적인 건지 복잡합니다. 청약은 되도 걱정, 안 되도

걱정인 것만 같습니다.

그러니까 내 인생에 내 집 한 채 있어야 하는 것도 알겠고 청약통장도 잘 유지해왔습니다. 내가 입주하고 싶은 좋은 아파트가 있으면 청약 일정을 확인하고 청약을 넣어야 한다는 것까지도 이해가 됩니다. 그런데 구체적으로 청약에 당첨되는 조건이 무엇이고 당첨되고 나면 어떤 식으로 자금을 준비하고 관리해야 하는지 명확히게 그림이 그러지지 않습니다.

결론부터 미리 말씀드리자면, 청약에도 전략이 필요합니다. 당첨이라고 하니 청약도 로또처럼 운이 좋아야 할 것 같지만 그렇지 않습니다. 내가 갖춘 조건에 딱 들어맞는 아파트 청약을 찾아 넣거나 아니면 내가 원하는 아파트가 필요로 하는 조건을 준비해야 합니다. 20대 초반에 청약 통장을 만들어놓았으니 당첨은 어렵지 않을 거라고 생각하는 분들도 많습니다. 청약통장을 오래 보유하고 있거나 저축총액이 많으면 당첨될 거란 생각은 가장 많이 하는 오해입니다. 그러한 조건들은 일반 민간분양에서 당첨에 영향을 주지 못합니다.

청약통장은 누구나 쉽게 만들 수 있지만 적금통장처럼 만기가 있는 것도 아니고 은행에서 특별히 관리해주는 통장도 아니라서 막상 쓰려고 하면 어떻게 활용해야 할지 갈피가 잡히지 않을 수 있습니다. 그렇지만 꼬박꼬박 성실하게 납입해온 만큼 내 집 마련을 위해 제대로 한번 활용해봐야 하지 않을까요? 청약은 결국 당첨되었을 때 의미가 있으니까요.

언제 집을 사야 할까요?

유튜브에서 신혼부부들의 고민 상담을 하거나 주변 사람들을 만났을 때 종종 들었던 질문은 집값이 떨어질 텐데 비싼 아파트를 사도 되느냐는 것이었습니다. 집값이 떨어진다고 말하는 사람들은 하나같이 인구 절벽을 그 근거로 들었습니다. 이렇게 많은 집을 받아줄 사람이 점점 줄어들 텐데 집을 사도 되는지 막연한 불안을 느끼는 것입니다. 물론 일리 있는 생각입니다. 미래의 주거 환경은 어떻게 바뀔지 모를 일입니다.

그런데 '이렇게 많은 집'에 초점을 맞춰보겠습니다. 정말로 지금 집은 너무 많은 걸까요? 눈에 보이는 주택이 전부 우리가 생각하는 그 주택인가요? 우리는 단순히 내 한 몸 뉘일 수 있는 공간을 주택이라고 생각하지 않습니다. 적어도 방과 거실이 구분되어 있고 깔끔한 주방과 욕실도 있어야 합니다. 주택 근처에는 상권이 형성되어 있었으면 좋겠고 대중교통도 어느 정도는 편리해야 합니다. 우리 아파트 단지만 덩그러니 있는 곳보다는 주거지로서 타운을 형성해서 사람 사는 느낌이 드는 곳이어야 합니다. 삶의 안전과 질이 보장될 때 비로소 주택이라고 할 수 있을 것 같습니다.

한강 주변에 빽빽하게 들어선 아파트 불빛을 바라보며 이렇게 많은 집 중에 왜 내 집은 없나 하는 생각을 누구나 한 번쯤은 해봤을 겁니다. 수도권, 특히 서울은 수요 대비 공급이 여전히 부족하기 때문입니나. 서울에 있는 주요 기업들이 갑자기 모두 지방으로 이전하지 않는 한 서울의 주택 수요는 줄어들 수 없습니다.

게다가 혼인율과 출산율은 떨어질지언정 가구수는 늘고 있습니다. 늘어나는 가구수 대비 사람들이 거주지로 선호하는 아파트 공급은 부족합니다. 서울 신축 아파트 가격이 엄청난 속도로 오르고 서울과 접근성 좋은 수도권과 신도시 청약 시장이 과열 경쟁을 보이는 이유입니다.

■ 2018년~2025년 서울 주택공급 전망(단위: 가구) ■

필요		가능		부족
63만 2,000 ~67만 3,000	―	46만 2,000 ~47만 7,000	=	15만 5,000 ~21만 1,000

자료: 서울시 「2025 주거종합계획」

주거 안정 측면에서 결국 내 집 한 채는 있어야 합니다. 언제 임대인이 계약을 해지할지 모르는 불안함, 만기가 도래하면 전세가를 올릴까 걱정하게 되는 마음 이런 것들에서 벗어나기 위해서라도 내 집 마련 생각이 절실해지는 순간이 옵니다. 자녀가 있는 부부라면 아이가 전학을 가지 않고 안정적인 환경에서 뿌리를 내리고 자랄 수 있는 보금자리가 필요합니다.

몇 년 전 집값에 돈을 쓰고 싶지 않다는 지인이 있었습니다. 집값이 떨어지면 앉아서 수 천만 원을 날리는 일이니 그럴 바엔 통장에 고이 모셔 두는 게 더 안전하다고 했습니다. 개인의 가치관에 대해 옳고 그름을 판단하고 싶지는 않습니다. 그러나 자신의 신념에 따라 전세로 살며 이사다니는 사이 지인에게 아이가 생겼습니다. 이제 지인은 학군이 좋았던 동네 아파트 값이 저렴했던 때 사지 못하고 떠난 걸 매우 아쉬워하고 있습니다. 뒤늦게 분양권 거래든 매매든 관심을 가져보고 있지만 사람 마음이 쉽게 변하지는 못해서 늘 매수 직전에 손을 탁 놓아버리고 맙니다. 집값이 떨어질 시기가 올 것 같다는 미련이 아직 남아 있기 때문입니다.

부동산 투자에 색안경을 끼고 보던 사람도 막상 자기 집을 사려고 할 땐 투자자 마인드로 바뀝니다. "무릎에 사서 어깨에 판다"는 말이 있습니다. 가격이 오르려는 시점에 들어가서 최고점을 찍기 직전에 털고 나와야 한다는 뜻으로 투자자들이 주식이나 부동산에서 많이 인용합니다. 그런데 이걸 내 집 사는 데 똑같이 적용하려고 하면 골치 아파집니다. 물론 시세보다 저렴하게 사는 기회를 잡는 건 좋습니다. 하지만 무조건 가장 낮은 시점에, 부동산이 바닥에 왔을 때 사야시 하고 기다리면 그만큼 안정된 주거 환경을 만들기까지 시간이 걸리고 자꾸 멀어집니다. 그러다 진짜 바닥이 오면 시장에 두려움과 불안 심리가 팽배하기 때문에 또다시 매수를 망

설이게 됩니다. 언제 어떤 집을 살 것인지 내 상황에 맞는 목표를 정확히 세워 기회가 왔을 때 고민 없이 결정할 수 있어야 합니다.

다주택자 대출 규제가 강화되는 요즘 무주택자는 이를 기회로 삼아야 합니다. 3기 신도시와 공공택지개발, 다양한 임대주택 등 앞으로 무주택자에게 유리한 기회들이 많습니다. 청약에서도 무주택자에게 75%를 우선 공급합니다. 또 대출 및 세금 문제로 다주택자가 던지는 물건, 다른 곳으로 이동하려는 1주택자가 처분하는 주택도 시장에 나옵니다. 무주택자가 내 집 마련을 할 수 있는 다양한 기회가 주어지는 추세입니다. 어떤 방향으로 내 집 마련에 다가갈지 고민해봐야 할 때입니다. 특히 지금 당장 집을 매수해야 할 이유가 있는 것이 아니라면 무주택을 유지하면서 나에게 맞는 청약 기회를 찾아야 합니다.

인생에서 가장 비싼 쇼핑 내집마련, 패닉 바잉은 금물

간혹 전세로 살면서 청약을 준비하다 이사 시기에 전세 매물이 없어 계획에도 없던 집을 매수하는 경우가 있습니다. 전세를 알아보러 부동산을 다니다 전세는 없고 싸게 나온 매물이 있다는 말에 덜컥 매매를 결정하게 되는 것입니다. 집값은 하늘을 찌르고 청약은 로또만큼이나 어렵다고 하니 저렴한 빌라나 오피스텔을 그 대체재로 매매한다는 이야기도 듣습니다. 어쩔 수 없는 선택이라 하더라도

가정을 꾸린 세대에게는 특히나 빌라나 오피스텔의 주거 환경과 아파트를 비교하기 어렵습니다. 관리비나 시세 차익 등 경제적 측면에서도 아파트가 유리하고 추후 매매를 고려할 때도 빌라나 오피스텔은 환금성이 떨어집니다.

실거주로 완벽하게 만족한다면 상관없지만 만약 새 아파트 입주를 고려하며 청약을 준비하고 있었다면 한 번의 결정으로 계획이 크게 틀어지고 맙니다. 주택을 처분한 시점부터 무주택기간을 다시 계산하므로 점수가 낮아지고 신혼부부 특별공급 대상이었다면 주택 보유 기록이 생겨 대상에서 제외되기 때문입니다.

이 책을 읽는 독자 대부분은 실제로 청약을 목표로 할 겁니다. 청약으로 새 아파트에서 살겠다는 계획을 세웠다면 부동산 정책과 시장 상황을 수순히 업데이트하며 원하는 아파트 분양 공고가 나올 때까지 자격 요건을 잘 유지하길 바랍니다.

두려운 대출?
제때 잘 이용하면 자산 불리는 내 편

　청약으로 집을 장만하려고 마음을 먹었다면 이번엔 돈이 발목을 잡을 겁니다. 내 집 마련을 위해서는 대출과도 친해질 필요가 있습니다. 우리에게는 돈에 눈이 어두웠다며 후회하게 되는 순간이 찾아옵니다. 그 중 하나가 결혼 준비입니다.

　우리 부부 역시 당시 부동산에 '부' 자도 잘 몰랐고 양가 부모님의 도움을 받는 상황도 아니었습니다. 둘이서 열심히 신혼집을 알아보던 어느 날, 우연히 눈에 띈 모델하우스에 들어갔습니다. 새집에 대한 호기심과 혹시나 저렴하지 않을까 하는 묘한 기대감도 있었습니다. '미분양', '선착순' 같은 문구도 우리를 유혹했습니다.

처음 모델하우스에 간 우리는 신혼부부를 타깃으로 마구 몰려드는 담당자들에게 사기라도 당할까 봐 정신을 바짝 차리고 구경했습니다. 사실 너무 부담스러워서 기억도 잘 안 날 정도로 보는 둥 마는 둥 했습니다. 우리를 상담 테이블에 앉힌 담당자는 이 아파트가 얼마나 좋은지 열심히 설명해주었습니다.

신혼집을 구하는 중이라는 이야기를 들은 담당자는 70%까지 대출이 가능하다, 좋은 층 물건이 있다, 바로 계약금 넣고 갈 수 있다며 설득했지만 이미 4억 원이라는 분양가에 놀라 빨리 나가고 싶은 마음뿐이었습니다. 담당자는 모델하우스를 나서는 우리 뒤통수를 향해 무조건 사야 된다, 절대 손해 볼 일 없다고 말했습니다. 높은 가격에 우리가 재빨리 포기한 그 아파트는 3천 세대 대단지에 브랜드도 래미안으로 4년이 지난 지금은 분양가의 두 배 이상 올랐습니다.

그때 우리가 겁냈던 건 대출이었습니다. 2억 원이 넘는 큰돈을 대출받는다고? 그렇게 무리할 필요가 있나 하는 생각이었습니다. 그런데 생각해보면 대출을 받고 샀다면 4년 새 4억 원 이상을 벌었을 테니 이자는 우스워지는 수익을 볼 수 있었을 겁니다. 최대 2억

8천만 원에 3%대 이자를 냈으면 한 달에 원금을 더해 약 120만 원 내외입니다. 어차피 원금을 갚아 나가는 것이니 시간이 지날수록 그 금액은 또 줄어들었을 겁니다. 맞벌이였던 우리에게 엄청나게 부담되는 금액은 아니었을 텐데 눈에 보이는 대출금이 너무 크게 느껴졌습니다.

감당 가능한 대출은 자산을 키우는 지렛대

그때까지 돈을 벌어 불리는 현실적인 방법을 제대로 모르던 탓에 벌어진 일입니다. 누구나 이렇게 후회했던 경험이 있었을 거라 생각합니다. 그때 그 집을 샀어야 했는데 하고 말입니다. 왠지 억울하기까지 합니다. 만약 집값이 오르지 않았더라도 새 아파트에 살며 주거 이동의 고민 없는 편안하고 안정적인 신혼을 시작할 수 있었을 것입니다. 이제는 청약 시장 경쟁도 어마어마하게 과열되어서 그런 기회도 가격도 다시 올 것 같지는 않습니다. 다만 우리는 그때를 떠올리며 껴안을 수 있는 대출은 긍정적으로 생각하는 편입니다.

온전히 현금을 모아 집을 사겠다는 사람들도 더러 있습니다. 그런데 월급은 물가상승률만큼도 오르지 않는 경우가 많고 냉정히

말해 평범한 직장인 연봉으로 살 수 있는 집은 없습니다. 심지어 그 연봉을 한 푼도 쓰지 않는다고 해도 말입니다. 사업이 크게 성공하거나 로또에 당첨되지 않는 한 현금으로 집을 산다는 건 터무니없는 목표라고 생각합니다. 또 내가 3억 원을 목표로 했던 그 집이 3억 원을 다 모은 시점에도 여전히 그 가격에 기다려줄 거라는 기대는 너무 순진합니다.

3억 원이 있다면 차라리 1억 5천만 원에 대출을 더해 집을 구하고 나머지 1억 5천만 원으로 대출이자 이상의 수익을 낼 수 있는 무언가를 찾아 투자를 하겠습니다. 3억 원을 온전히 집값으로 묻어두는 것도 투자 측면에서는 아깝기 때문입니다. 무주택자라서 충분히 대출을 받을 수 있는 상황이라면, 경제학에 나오는 지렛대의 원리처럼 내 자산을 더 높이 올라가게 도와주는 장치로 대출을 활용해 현명하게 내 집 마련을 하시길 바랍니다.

좋은 아파트의 조건

연예인이 청약을 넣어 당첨되었다는 아파트는 반드시 좋은 아파트일까요? 역세권 대단지 브랜드 아파트가 정답일까요? 미세먼지가 점점 심해질 테니 앞으로는 숲세권 아파트가 대세일까요? 좋은 아파트란 무엇일까요. '코에 걸면 코걸이 귀에 걸면 귀걸이'라는 말처럼 수식어를 붙이기 나름이 아닐까 생각합니다.

부동산 시장에는 "부동산은 장화 신고 들어가서 구두 신고 나오는 것이다"라는 말이 있습니다. 장화를 신어야 할 만큼 질퍽하고 고르지 못한 땅이 구두 신고 또각또각 걸어 나올 수 있을 정도로 깔끔하게 변했다면 그만큼 그 부동산에서 얻는 수익이 크다는 뜻입니다.

드라마 〈응답하라 1988〉 기억하시나요? 마지막 회에 덕선이네가 판교로 이사를 갑니다. 그때 이웃들은 변두리 산골로 농사 지으러 가느냐는 반응이었습니다. 그랬던 판교가 지금 어떻습니까? 판교신도시 개발은 말 그대로 천지개벽한 곳 중 하나입니다. 덕선이네가 지금까지 판교에 살고 있다면 부자가 되었을 겁니다. 비록 덕선이네가 개발을 노리고 판교로 이사를 가는 내용은 아니었지만 '장화 신고 들어가서 구두 신고 나오는 것'을 보여주는 좋은 사례입니다. 1980년대 초반 강남으로 들어간 경우도 마찬가지입니다.

1, 2기 신도시가 완성되었고 3기 신도시가 발표되었습니다. 그러나 강남과 판교만큼 구두 신고 나올 수 있게 해줄 요지는 이제 별로 남아 있지 않습니다. 하지만 아파트 단지의 호재는 늘 눈여겨봐야 할 부분입니다. 주변에 기업이 들어오는지, 새로운 교통수단이 생기는지, 문화시설이 지어지는지 등 아파트 가치를 올려줄 무언가를 찾아야 합니다. 지금은 조금 불편하지만 나중에 개선된다는 면에서 장화와 구두 이야기가 들어맞는 지점이기 때문입니다.

특히 요즘 부동산 시장에서 GTX의 정차는 가장 매력적인 요소

━━━━━ ■ 한국의 신도시들 ■ ━━━━━

1기 신도시 | 1989년 주택난 해결을 위해 서울 근교인 성남시 분당, 고양시 일산, 부천시 중동, 안양시 평촌, 군포시 산본 5개 도시를 선정해 신도시로 개발했습니다. 한국은 1기 신도시를 시작으로 아파트가 중심이 된 주거 환경이 정착했습니다.

2기 신도시 | 2003년부터 추진한 신도시로 김포(한강), 인천 검단, 화성 동탄1·2, 평택 고덕, 수원 광교, 성남 판교, 위례(송파, 하남, 성남), 양주 옥정, 파주 운정의 수도권 10개 지역과 충남 천안·아산의 아산신도시, 대전 서구·유성구의 도안신도시의 충청권 2개 지역까지 총 12개 지역입니다.

3기 신도시 | 2018년 발표한 사업으로 경기도 남양주 왕숙, 하남 교산, 인천 계양, 고양 창릉, 부천 대장 5개 지역으로 모두 서울 경계로부터 약 2km가량 떨어진 가까운 지역입니다. 5곳의 330만㎡ 이상 신도시 택지 이외에도 과천 과천지구, 안산 장상지구, 용인 구성역, 안산 신길2지구, 수원 당수2지구 등 26곳에 100만㎡ 규모의 택지지구도 선정했습니다.
2021년 7월부터 청약을 시작하는 3기 신도시의 계획을 살펴보고 분양 자료와 청약 일정도 문자로 받고 싶다면 3기 신도시 홈페이지 'www.3기신도시.kr'을 방문해 청약일정 알리미를 신청하세요.

입니다. GTX는 시속 100km의 수도권 광역급행철도로 수도권 외곽과 서울의 주요 기점을 연결해 통행 시간을 단축합니다. 인천, 용인, 수원 등에서 삼성역까지 30분 안에 도착할 수 있습니다. 이렇게 교통이 획기적으로 개선되면 해당 지역 수요가 대폭 늘어나고 역 개발에 따른 주변 환경 정비 또한 기대할 수 있습니다. 때문에 GTX 노선을 따라 미리 장화 신고 들어가 선점할 만한 지역이 있는지 옥석을 가려볼 수 있습니다.

그렇다면 좋은 아파트란 이렇게 주변 개발 가능성이 높은 곳이라고 정의하면 될까요? 수없이 쏟아지는 청약 정보 가운데 좋은 아파트를 선택하는 방법을 묻는다면 무 자르듯 명쾌하게 정답을 제시하기는 힘듭니다. 교통, 편의시설, 환경, 교육 등 다양한 측면을 복합적으로 고려하되 최종적으로 아파트를 선택하는 기준에는 나름의 소신이 필요합니다.

최근에 이런 게 정말 청약의 좋은 점이구나, 좋은 아파트란 이런 것이구나 하고 말할 수 있는 일이 있었습니다. 남편 회사 선배의 이야기입니다. 그는 인구절벽으로 인한 집값 하락을 굳게 믿었습니다. 매수 자금이 있어도 언제나 지금 집값이 최고점이라고 생각해 결혼 후 자녀 셋을 출산할 때까지 계속 전세를 이어왔습니다. 그 사이 집값은 물론 전셋값도 계속 올라 광명 중심에서 시작했던 삶의 터전이 철산으로, 그리고 점점 더 외곽으로 밀려났습니다. 아이 셋을 데리고 매번 이사를 가는 일이 스트레스가 되어가고 있었습니다. 이 이야기를 들은 남편은 무주택 기간이 길고 외벌이에 자녀가 셋이니 다자녀 특별공급(책 100쪽 참조)을 써보면 좋을 조건이

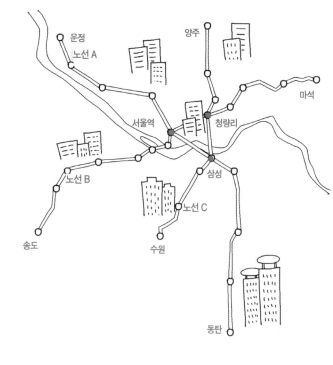

라고 생각해 이사를 고민하는 선배에게 청약을 추천했습니다.

　당첨 가능성이 높으니 그 당시 이슈가 되었던 여러 아파트에 청약 기회가 있을 때마다 소개해주었습니다. 선배는 고민하다 인기 많은 곳보다는 본인 상황에서 분양가가 적당하고 평면이 넓게 나와 마음에 들었던 경기도 시흥 목감신도시의 한 아파트에 청약을 넣었습니다. 지금은 목감도 안정적으로 개발이 되어 주목을 받지만 그때는 개발 초기라 많은 관심을 받지 못하던 때였고 시세 차익을 더 많이 볼 수 있는 다른 아파트 분양도 많았기에 주변에서는

인생에 한 번인 특공을 쓰기에는 조금 아쉽다는 의견이었습니다. 그러나 욕심 내지 않고 지원한 결과 다자녀 특공 미달로 안정적으로 당첨이 되었습니다. 생애 최초로 청약을 넣었는데 한 번에 성공한 케이스였습니다.

준공 기간 동안 분양가보다 집값이 떨어질까 걱정하기도 했지만 시세는 올랐고 아파트가 한 층 한 층 올라가는 걸 보며 즐거워했습니다. 그렇게 3년의 기다림 끝에 입주했고 이제 이사 걱정하지 않아도 되는 내 집이 생겼다는 사실에 감격했다고 합니다. 무엇보다 이전 집에서는 세 아이가 한 방을 쓰면서 많이 싸우기도 했는데 각자의 방이 생긴 아이들이 좋아하는 모습에 기뻐했습니다. 물

왕저수지가 가깝고 아파트 주변으로 공원이며 산책로가 잘 조성되어 있어서 여러모로 가족의 만족도가 높은 집이었습니다.

그 아파트가 선배의 가족에게 얼마나 의미 있는 보금자리인지 느껴지지 않나요. 이것이 바로 청약의 순기능이 아닐까 생각합니다. 청약을 할 때마다 어떤 아파트를 선택해야 하는지 고민한다면 자신의 노선을 정하는 게 필요합니다. 나에게 아파트가 삶의 질을 개선하는 데 목표가 있는지, 미래를 위한 투자인지부터 생각해보기 바랍니다. 그러면 어떤 아파트가 좋은 아파트일지 조금은 더 선명하게 눈에 들어옵니다.

선배가 청약을 넣던 시점에 우리 부부가 특공에 당첨될 만한 조건을 갖추고 있었다면 어땠을까요? 아마도 서울 접근성이 좋은 도심에 분양가상한제로 시세 대비 분양가가 저렴하거나 역세권이거나, 역세권이 될 곳을 선택했을 것입니다. 그때 우리는 보유 기간 동안의 시세 차익으로 자산을 만들어가는 데 좀 더 초점을 두고 있었기 때문입니다. 이렇게 기준에 따라 선택해야 후회가 없습니다. 단순히 로또 분양이라는 말에 앞뒤 따지지 않고 청약을 넣고 여기저기 우르르 몰려다니며 나른 사람들 의견에 휘둘리지 않으면 좋겠습니다.

부동산 보는 안목 키우기,
임장과 모델하우스 데이트

　주말 데이트, 주로 무엇을 하시나요? 맛집과 카페 투어, 공원에서 힐링, 등산 등 여러 좋은 선택지들이 있을 겁니다. 결혼하고 나니 매번 비슷한 데이트도 지겨워지고 매주 그렇게 보내는 시간과 돈이 아깝다는 생각이 들었습니다.

　그러다 관심 있는 지역을 한 군데 정해 임장을 가보고 이슈가 되는 분양 아파트의 모델하우스를 방문하면서 우리만의 임장 데이트, 모델하우스 데이트를 즐기기 시작했습니다. 새로운 곳을 가보는 즐거움도 있고 집을 보는 안목도 키우고 공통의 대화 주제도 생기는 굉장히 유익한 데이트입니다.

임장은 A 지역의 B 아파트가 괜찮다더라, 또는 C 지역에 앞으로 어떤 개발이 이루어진다더라 하는 정보를 알게 되었을 때 직접 가서 주변 환경도 둘러보고 부동산을 방문해 시세도 알아보는 활동입니다. 집에서 인터넷으로 정보를 구하고 지도와 로드뷰로 살펴볼 수도 있지만 확실히 직접 가서 봤을 때 느껴지는 분위기는 다른 경우가 많았습니다.

한번은 9호선 라인에 인접한 한강뷰가 보이는 대단지 아파트인데 갭이 비교적 적은 곳을 발견해 바로 달려가본 적이 있었습니다. 사전 조사를 통해 한강을 찍은 실거주자들의 사진, 동네가 살짝 언덕이라 지하철역까지 도보로는 시간이 걸리지만 마을버스로 10분이면 도착할 수 있는 점, 재건축 이슈를 안고 있는 특징, 그리고 주변에 큼직한 지식산업센터가 있고 앞으로도 계속 들어서고 있는 점 등을 확인했습니다.

그런데 막상 가본 동네는 살짝 언덕이 아니라 거의 등산 수준이었고 주택이 많아 구불구불한 길을 소형 마을버스가 다니고 있었습니다. 한강이 보인다던 아파트는 전체 세대 중 딱 한 라인뿐이었습니다. 또 그 라인 중에서도 몇 세대, 그마저도 주방뷰가 한강인 정도였습니다. 지도상 동향으로 봤던 아파트가 알고 보니 서향으로 한강을 등지고 서 있었기 때문입니다. 그리고 재건축을 진행하기에는 단지가 굉장히 쾌적하게 관리되고 있었고 부동산에서도 주민들 특성상 진행 속도를 그리 긍정적으로 보고 있지 않았습니다. 모두 직접 가보지 않고서는 알 수 없는 정보들이었습니다. 결국 우리는 발길을 돌리고 말았습니다.

우리의 임장 데이트 루틴은 목적지를 정하면 그 주변 맛집을 찾는 것으로 시작합니다. 또 제가 빵을 좋아하지만 소화를 잘 못 시켜 글루텐 프리, 유기농 빵집이 있는지도 같이 검색합니다. 카페 투어를 좋아한다면 예쁜 카페를 찾아볼 수도 있겠습니다. 이렇게 준비한 뒤 주말이 되면 점심을 먹고 출발해 관심 있는 아파트를 돌며 관리 상태, 단지 분위기를 보고 로열동도 찾아봅니다. 아파트에서 대중교통과 학교까지 거리도 도보로 확인해야 합니다. 신도시라면 자동차로 지역 전체를 드라이브할 겸 돌아봅니다. 그리고 아파트 근처 카페나 편의점에 앉아 음료를 마시며 주민들 일상을 구경하면서 서로 생각을 정리합니다.

궁금한 게 있거나 확실한 매물을 알고 싶을 때는 부동산에 들어가 설명을 듣고 매물을 파악합니다. 거의 마음을 굳히고 간 임장이라면 거래 가능한 매물의 내부를 보기도 하고 계약금을 넣고 오는

경우도 있습니다. 이렇게 임장을
마무리하면, 맛집에서 저녁을 먹
고 맛있는 빵도 한 봉투 사서 집
으로 돌아옵니다. 임장하며 공부

도 하고 산책도 하고 맛있는 음식도 먹고 오는 일석삼조 데이트라
하겠습니다.

부부간 대화가 많아지는 모델하우스 데이트

처음 몇 번은 임장 모임에 나갔습니다. 부동산 카페마다 정기적
으로 회원들끼리 특정 지역을 정해 함께 임장을 합니다. 이런 모임
은 임장으로 끝나지 않고 같이 스터디를 하거나 강의를 듣기도 하
니 또 다른 도움이 됩니다. 가끔 특정 아파트를 너무 밀거나 정해
진 부동산과의 거래만을 유도하는 곳도 있으니 주의해야 합니다.

우리가 나갔던 곳은 오전에 모여서 서로 읽은 부동산 책을 공유
하고 카페장이 최근 부동산 이슈에 대해 강의한 다음 오후에 자유
롭게 지역 임장을 하고 헤어지는 순수한(?) 모임이었기 때문에 신
배들을 보며 임장하는 법, 공부하는 법을 배울 수 있었습니다. 그
런데 하루 종일 시간을 할애해야 하고 우리의 관심 지역만 가는 게

아니어서 나중에는 우리끼리 데이트처럼 다니게 되었습니다. 만일 성향에 맞다면 임장 모임도 괜찮다고 생각합니다.

매주 임장만 다닐 수는 없으니 그 다음으로는 모하 데이트를 즐깁니다. 모델하우스 구경을 가보는 겁니다. 조금씩 바뀌고 발전하는 신축 아파트 구조, 시스템 등을 알게 되고 예쁘게 꾸며진 집을 보는 재미도 있어서 즐거운 데이트입니다. 청약을 넣을 아파트가 아니더라도 또는 넣지 못하는 아파트더라도 구경 삼아 가봅니다. 특히 인기가 많고 주목받고 있는 아파트라면 궁금한 마음으로 들어가 봅니다.

길게 선 줄을 기다려 들어가다 보면 힘들고 시간 낭비라는 생각이 들기도 합니다. 청약을 넣는 것이 아니라면 공식 홈페이지의 'e-모델하우스'나 '사이버 모델하우스'를 보는 것으로도 충분합니다. 최근에는 코로나19 여파로 건설사에서 질 좋은 온라인 자료를 적극 제공하고 있습니다. 나중에 청약에 당첨되면 계약자로서 모델하우스에 방문해 여유 있게 내부를 볼 수 있기 때문에 아쉽게 생각하지 않아도 됩니다

그렇지만 우리가 많은 모델하우스를 방문했던 이유는 새집 구조를 많이 본 적이 없기 때문입니다. 다양한 모델하우스 실물을 보면서 팬트리, 창고, 드레스룸 등 새로운 공간에 대한 개념을 익히

고 베이(bay)에 따른 공간감의 차이, 타입에 따른 내부 분위기 차이 등 실제 아파트에 대한 감을 잡았습니다. 몇 번 보다 보면 나중에는 도면이나 사진만 봐도 내부가 어떨지 그림이 그려집니다.

관심 있는 아파트는 청약 접수가 마감된 후 당첨자 계약을 하기 전 기간에 모델하우스에 방문합니다. 꼭 청약을 넣진 않아도 공부삼아 내부 구조를 직접 보고 싶다면 이 기간을 잘 활용해 보시기 바랍니다. 청약 접수가 끝나면 모델하우스도 문을 닫을 거라 생각하지만 당첨자 계약 및 기타 문의사항 접수를 위해 일정 기간 더 열어둡니다.

판상형과 타워형, 그리고 베이

모델하우스를 다니면서 어떤 걸 봐야 할지 잘 모르겠다면 아파트 형태와 베이(bay)만 기억해도 좋습니다. 아파트 형태란 크게 판상형과 타워형을 의미합니다. 간혹 혼합형도 있습니다.

판상형은 우리가 어렸을 때 살던 아파트들을 떠올리면 생각나는 형태입니다. 아파트를 주로 남향 위주로 배치해 딱 떨어지게 짓습니다. 거실과 주방 맞통풍으로 환기가 잘 되고 전체적으로 채광이 좋은 편입니다. 타워형보다 건축비가 적게 들며 관리비도 저렴합니다.

가장 평범한 구조인 만큼 익숙하지만 단조롭다는 단점이 있습니다. 또 일자형으로 지어져서 앞동에 가리는 동은 조망권 확보가 어렵습니다. 따라서 판상형이라면 동간 거리가 얼마나 넓은지, 각 동의 방향 설계가 어떤지를 단지 모형을 보며 확인해봅니다.

타워형은 도곡동의 타워팰리스나 목동의 하이페리온, 송도 신도시를 떠올리면 생각나는 초고층 주상복합에서 많이 볼 수 있는 형태입니다. 최근에는 Y자형 구조로 많이 짓고 있습니다. 판상형

판상형 아파트

타워형 아파트

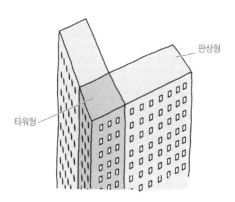

판상형

타워형

혼합형 아파트

보다 자유로운 구조로 짓습니다. 전 세대가 조망을 확보할 수 있고 집집마다 서로 다른 평면 설계를 할 수 있는 장점이 있습니다.

다만 조망이 확보되는 대신 전 세대가 남향으로 지어질 수 없기 때문에 판상형보다 채광이 좋지 않을 수 있고 거실과 주방 창이 꺾어지는 형태로 맞통풍이 어렵습니다. 초고층으로 짓는 경우 창문이 작으며 창문을 활짝 열고 환기시키기 어려워 환기 시스템을 사용하기도 합니다. 건축비가 높아 분양가도 비싼 편이며 관리비 역시 상대적으로 높은 편입니다.

한국 사람들은 대체로 판상형을 선호하지만 타워형 아파트의 세련되고 독특한 분위기를 선호하는 사람도 많습니다. 취향에 따라 갈리는 부분입니다.

다음으로 베이란 세대 내부를 보는 기준입니다. 거실을 기준으로 같은 선상에 창이 난 방이 몇 개가 배치되는지에 따라 2베이 (2bay), 3베이(3bay), 4베이(4bay)라고 합니다. 방 두 개와 거실 발코니가 접한 3베이가 일반적이고 방 세 개와 거실 발코니가 접한 4베이도 많이 나오고 있습니다.

3베이는 방마다 여러 조망을 즐길 수 있어 균형감이 있고 통풍이 좋은 구조입니다. 전면에 방 두 개와 거실 배치로 채광도 나쁘지 않아 일반적으로 가장 무난하고 선호도가 높습니다.

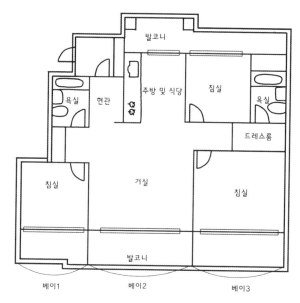

베이1   베이2   베이3

일반적인 3베이(114.34/84.6㎡) 아파트 내부 구조

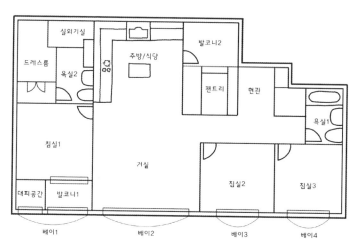

베이1   베이2   베이3   베이4

일반적인 4베이(112.75/84.98㎡) 아파트 내부 구조

49

4베이는 모든 방이 햇살을 잘 받기 때문에 채광이 좋아 난방비 절감 효과가 있습니다. 전체적으로 더 넓어 보이기도 합니다. 대신 거실과 방이 전면에 모두 모여 있어 복도가 필요해 각 방의 크기가 비교적 작게 설계됩니다. 때문에 평형이 넓을수록 4베이의 장점이 더 잘 나타납니다. 모델하우스를 방문할 때 3베이인지 4베이인지 확인하고 들어가서 느껴지는 공간감과 방 크기의 차이, 환기 구조 등을 확인해보기 바랍니다.

보면 볼수록 더 많이 보이고, 알고 보면 더 잘 보이는 법입니다. 열심히 공부하겠다는 무거운 마음보다는 나들이 다니듯 가볍게 여러 지역과 집을 구경하면서 부동산 안목을 키워가는 시간을 만들어 갔으면 좋겠습니다. 특히 가정을 처음 꾸리는 신혼이라면 함께 부동산을 공부하는 과정을 통해 공동의 목표를 세우고 달성해나가는 즐거움을 느낄 수 있을 겁니다. 부부의 대화가 많아지는 것은 덤입니다.

실속 있는 모델하우스 관람법

- 모델하우스 입구에서 나눠주는 브로슈어를 챙깁니다. 브로슈어에 나온 평면도를 모델하우스 1층에 전시된 모형도와 비교하며 평면에서는 알기 어려운 정보들을 확인해 메모합니다. 로열동과 그렇지 않은 동, 동별로 아파트 경사는 얼마나 가파른지, 인접한 도로의 간격, 놀이터 위치, 주차장 주출입구 위치, 동 간 간격, 세대 주출입구 위치는 물론 모델하우스에서 보고 들은 대출과 옵션에 관한 정보를 브로슈어에 꼼꼼히 적어갑니다.

- 모델하우스는 대부분 금요일에 개장합니다. 사람이 몰리는 주말에는 대출이나 옵션, 내부 구조 등에 관한 자세한 설명을 듣기 어려우니 청약을 넣을 아파트의 모델하우스라면 평일 오전에 방문하는 것이 유리합니다.

- 임산부, 영유아 자녀가 있을 때는 우선 입장할 수 있습니다(모든 모델하우스에 적용되지는 않으니 가기 전에 미리 확인해보세요).

- 모델하우스에 설치된 가구는 모델하우스용으로 별도 제작되어 실제 가구보다 크기가 작습니다. 이를 고려해 넓이를 가늠해야 합니다.

- 수납장이나 주방 가전에 '유상 옵션'이라고 표기된 경우가 있습니다. 유상 옵션을 선택하지 않았을 때 기본 옵션이 어떤 형태인지도 확인합니다.

- 모델하우스 정식 오픈 기간에 방문하면 사은품도 받을 수 있습니다. 보통 오후 3시에는 가전, 가구 경품 추첨도 합니다. 시간을 내서 갔으니 경품 당첨까지 노려보세요.

- 모델하우스를 둘러봤다면 아파트를 짓고 있는 건설 현장도 가봐야 합니다. 주위의 자연환경과 지하철 등 대중교통과의 인접성, 학교와 학원가, 주변 상가 등의 위치도 직접 확인해봅니다. 간혹 기피시설인 송전탑이 있다든지 숙박업소나 유흥업소가 밀집돼 있을 수 있습니다. 직접 둘러봐야 인터넷상 지도에서는 보이지 않는 것들을 확인할 수 있습니다.

본격 청약 준비,
낯선 부동산 용어 정복부터

입주자 모집공고를 볼 때 가늠이 잘 되지 않는 것 중 하나가 제곱미터 표기법입니다. 59㎡와 84㎡ 면적이 대략 과거의 25평, 34평 아파트 크기라는 것은 어느 정도 알고 있지만 여전히 98㎡, 107㎡, 120㎡ 등과 같은 타입을 보면 이게 몇 평이나 되는 집인지 감이 안 잡힙니다. 생소하기 때문입니다. 아직도 평이라는 단위가 녀석을 가늠하기에는 더 편한 것이 사실입니다. 그러나 '평'은 일본식 단위로 세계에서 한국과 일본만 사용하는 단위입니다. 일제강점기 잔재를 청산하기 위해 공식적인 표기를 국제단위인 제곱미터로 바꿔 쓰기로 한 것이기에 당장 조금 불편하더라도 익숙해지려는 노력이 필요합니다.

그럼에도 제곱미터를 보고 공간을 가늠하려면 어쩔 수 없이 익숙한 평과 환산해봐야 합니다. 한 평은 3.3㎡입니다. 반대로 1㎡는 한 평의 3분의 1의 크기입니다. 그래서 59㎡라고 하면 59를 3.3으로 나눠 18평이라는 계산을 할 수 있습니다. 이상하지 않은가요? 59 타입은 25평이라고 했는데 실제로 계산해보니 왜 18평밖에 되지 않는 걸까요.

여기서 전용면적, 공급면적이라는 개념이 등장합니다. 아래는 어느 아파트 입주자 모집공고입니다.

단위 ㎡

평면유형	세대별 주택공급면적					계약면적
	공급면적 A			그 밖의 공급면적 B		
	계	주거전용	주거공용	기타공용	지하주차장	A+B
59A	83.93	59.86	24.07	3.26	44.12	131.31
59B	83.77	59.94	23.83	3.26	44.17	131.20
59C	83.72	59.82	23.90	3.25	44.09	131.06

59A 타입의 주거 전용면적은 약 59.86㎡이고 그 소계에 주거 공용면적을 합한 세대 공급면적이 83.93㎡입니다. 83.93을 3.3으로 나누어보면 약 25평이 됩니다. 매번 3.3을 나누는 암산이 귀찮을 때는 팁을 사용하면 쉽습니다. 공급면적 일의 자리까지 떼고 3을 곱하는 속성 계산법입니다. 83.93이라면 일의 자리 3까지 떼고 8에 3을 곱합니다. 24가 나옵니다. 그럼 대략 24~25평쯤 되나보다, 하고 빠르게 확인할 수 있습니다.

평으로 표기할 때는 공급면적을 기준으로 하지만, 제곱미터로 표기할 때는 전용면적을 기준으로 해서 이런 혼란스러운 결과를 빚습니다. 주거 전용면적은 해당 세대가 전용으로 이용하는 면적으로 입주해서 사용하게 되는 거실, 주방, 방 등과 같은 실질적인 공간면적의 합입니다. 공용면적은 아파트 계단, 복도, 엘리베이터 등 공용으로 사용하는 공간면적의 합입니다. 이 둘을 합해 각 세대의 공급면적이 계산됩니다.

84㎡+주차장+커뮤니티센터+…= 계약면적

그리고 세대별 공급면적과 별도로 표기한 기타 공용면적은 관리사무소, 커뮤니티 센터, 지하주차장 등과 같은 기타 시설의 공간을 의미합니다. 이 모든 걸 합한 것이 계약면적입니다.

일반적으로 집 크기를 가늠할 때는 실제 거주하는 공간을 생각하므로 전용면적을 기준으로 하는 제곱미터가 더 실용적입니다. 그러나 집 전체의 구조를 가늠할 때 아직은 평의 개념으로 접근해야 감이 오기 때문에 입주자 모집공고 등을 통해 공급면적을 확인하고 평형을 계산해보기 바랍니다.

평단가를 계산할 때도 공급면적을 활용합니다. 입주자 모집공고의 59A 타입 분양가가 5억 원이라면 5억 원 ÷ 24로 평당 약 2,000만 원으로 봅니다. 네이버부동산은 공급면적/전용면적의 방식으로 표기해 좀 더 편리하게 크기를 확인할 수 있습니다. 아래의 공인중개소 매물 정보 속 생소한 제곱미터도 이제 쉽게 평형 계산이 될 겁니다. (전용면적은 약 36평, 공급면적은 약 51평으로 50평대 아파트라는 것을 알 수 있고, 평단가는 약 2,060만 원으로 계산할 수 있습니다.)

■ 매매 ■

가나아파트 ■ 172/127m² ■ 10억 5,000만 원 ■ 저/35층

입주자 모집공고를 좀더 세부적으로 살펴볼 때는 면적 개념을

이해하는 게 중요합니다. 만약 세대별 공급면적에 비해 기타 공용면적의 크기가 유난히 크다면 전체 계약면적에서 실제 세대가 사용하는 공간 크기가 작다는 것이므로 분양가가 합리적이지 않다고 판단할 수 있습니다. 반대로 기타 공용면적이 너무 작다면 단지 내 커뮤니티 등이 잘 조성되지 않아 생활 편의가 좋지 않다는 뜻이기도 합니다.

서비스 면적이 있는 경우도 있습니다. 서비스 면적은 제공되는 면적 외의 무상 공간을 의미하는데, 일반적으로 발코니 면적으로 이해합니다. 세대에서 전용으로 사용하는 공간 외에 발코니가 서비스 공간으로 주어지는 것입니다. 그래서 이 발코니 크기에 따라 같은 평형 아파트더라도 실제 사용면적에서 차이가 나고 발코니 확장 여부에 따라 완전히 다른 구조가 나오기도 합니다.

요즘은 과거 아파트와 달리 팬트리(주방 옆에 식재료 등을 보관하는 창고)나 드레스룸 등 내부 공간을 쪼개 다양하게 설계하기 때문에 발코니 확장을 하지 않으면 굉장히 좁습니다. 발코니 확장은 거의 필수 옵션이 되었습니다. 서비스 면적이 클수록 발코니 확장을 통해 펜트리, 드레스룸, 가족실 등을 추가로 만들 수 있어 동일한 평형대의 아파트라도 어떻게 달라지는지 도면을 비교하며 더 합리적인 선택을 할 수 있습니다.

같은 아파트 구조의 기본형(왼쪽)과 확장형(오른쪽). 같은 평형이지만 발코니 확장을 통해 알파룸이 생겨 방을 4개로 사용할 수 있고, 안방 드레스룸이 커졌으며 주방도 디귿 구조로 더 세련되게 사용할 수 있다.

전매와 당해, 분양가상한제 개념 알고 가기

전매라는 단어가 생소한 분들도 많으실 겁니다. 사전적 의미는 구입한 부동산을 빠른 시일 내에 다시 파는 것으로, 보통 새 아파트를 분양받은 후 입주하기 전 분양권을 판매하는 것을 의미합니다. 2020년 8월부터 집값 안정을 위한 대책으로 수도권 전역과 지방 광역시에서 아파트 분양권 전매가 사실상 금지되었습니다. 이제는 분양받은 아파트의 소유권을 이전 등기한 후에 매매가 가능합니다.

당해라는 단어도 많이 접하게 됩니다. 당해는 해당 지역이라는 뜻으로 만약 서울에 청약 공고가 났다면 서울 거주자에게 우선적으로 기회를 준다는 의미입니다. 당해에 관한 이야기는 뒤에서 더 자세하게 설명하겠습니다.

당첨되면 로또?
무주택자가 반드시 알아야 할 분양가상한제 지역

청약에서 로또 분양이라는 말이 나오는 이유는 분양가상한제의 적용 때문입니다. 분양가상한제란 정부에서 표준 건축비와 택지비의 일정 가격을 설정하고 건설사가 그 가격 이하로 분양가를 책정하게 하는 제도입니다.

분양가상한제 적용은 곧 건설사 분양 이익에 제한을 두어 분양가가 일반 시세보다 저렴하다는 뜻입니다. 때문에 향후 시세 차익이 훨씬 크다는 점에서 청약자의 기대 심리를 더욱 자극합니다. 공공택지지구인 위례신도시 중흥 S클래스 38평은 분양가상한제를 적용해 7억 원 중반에 분양되었습니다. 당시 비슷한 입시 요건을 갖춘 아파트 시세는 약 12억 원 중반이었습니다. 당연히 수많은 청약자가 몰렸고 경쟁률은 평균 104 대 1이라는 높은 숫자를 기록했습니다. 분양가상한제는 실수요자가 시세보다 저렴하게 아파트를 공급받을 수 있다는 장점이 있는 반면 시세 차익을 기대한 사람들로 인해 엄청난 청약 경쟁률을 유발시키기도 합니다.

분양가상한제를 적용하는 민간택지

집값 상승 선도 서울 13개 구		강남, 서초, 송파, 강동, 영등포, 마포, 성동, 동작, 양천, 용산, 중구, 광진, 서대문
개발 추진 서울 5개 구 37동	강서(5개 동)	방화, 공항, 마곡, 등촌, 화곡
	노원(4개 동)	상계, 월계, 중계, 하계
	동대문(8개 동)	이문, 휘경, 제기, 용두, 청량리, 답십리, 회기, 전농
	성북(13개 동)	성북, 정릉, 장위, 돈암, 길음, 동소문동2·3가, 보문동1가, 안암동3가, 동선동4가, 삼선동 1·2·3가
	은평(7개 동)	불광, 갈현, 수색, 신사, 증산, 대조, 역촌
집값 상승 선도 경기 3개 시 13개 동	광명(4개 동)	광명, 소하, 철산, 하안
	하남(4개 동)	창우, 신장, 덕풍, 풍산
	과천(5개 동)	별양, 부림, 원문, 주암, 중앙

기존에는 공공택지지구 및 공공분양에만 적용했으나 2020년 7월 29일 이후부터는 집값 상승 선도지역 등으로 지정된 일부 민간택지 분양에도 분양가상한제를 적용합니다.

비교적 적은 가격으로 주택을 안정적으로 공급하는 것이 분양가상한제의 취지인 만큼 분양가상한제를 적용한 아파트는 투기 수요 차단을 위한 전매제한 기간 및 거주 요건이 강화됩니다. 매매, 증여 등의 소유권 이전이 최대 10년간 금지되고 최대 5년간 반드시 실제로 거주해야 합니다. 따라서 시세 차익이 눈앞에 보이더라도 바로 이익을 실현할 수는 없습니다.

분양가상한제에 따른 전매 및 거주 요건

구분	분양가상한제 기준	전매제한		거주의무
		투기과열지구	그 외	
공공택지	분양가 인근 시세 100% 이상	5년	3년	-
	분양가 인근 시세 80~100% 이상	8년	6년	3년
	분양가 인근 시세 80% 미만	10년	8년	5년
민간택지	분양가 인근 시세 100% 이상	5년	-	-
	분양가 인근 시세 80~100% 이상	8년	-	3년
	분양가 인근 시세 80% 미만	10년	-	5년

PART 2

꿈꾸던 지역의 아파트 분양,
내 집으로 만드는 청약 실전

브랜드 아파트에 살고 싶다면, 민간분양

아파트 분양은 크게 민간분양과 공공분양으로 나뉘며 둘의 가장 큰 차이는 사업 주체입니다. 민간분양은 우리가 흔히 아는 아파트 브랜드 건설사가 시행합니다. 포스코 더샵, GS 자이, 대우 푸르지오, 현대 힐스테이트, 삼성 래미안 등입니다. 이러한 민간 건설사가 부지를 사들이고 아파트를 지어 공급합니다.

공공분양은 무주택 서민의 주택 마련을 지원하는 분양이므로 국가나 지자체, LH(한국토지주택공사)나 SH(서울도시주택공사) 등에서 시행하며 직접 시공하거나 민간건설사가 수주해 짓는 경우도 있습니다. 과천지식정보타운의 과천제이드자이처럼 LH에서 시행하고 민간 건설사인 GS가 시공을 하는 경우가 그렇습니다. 또한 공공분양은 전용면적 85㎡ 이하로 공급되며 분양가는 반드시 분양가상한제를 적용합니다.

이러한 민간분양과 공공분양은 청약 요건과 당첨자 선정 방식에도 차이가 있습니다. 민간분양은 청약통장 가입 기간만 봅니다. 공공분양은 기간과 횟수, 납입금액 세 가지가 중요한 조건입니다. 특히 공공분양의 60㎡ 이하 공급 및 특별공급에서는 자산과 소득 기준도 만족해야 합니다. 또한 민간분양은 면적에 따라 가점제와 추첨제라는 방식을 활용하지만 공공분양은 청약통장 저축총액을 비교해 선정하는 것도 큰 특징입니다.

만약 내가 저축 총액이 많고 무주택 기간이 길며 자산과 소득 기준을 충족한다면 분양가상한제를 적용해 상대적으로 저렴하게 새 아파트를 분양 받을 수 있는 공공분양 청약을 고려해볼 수 있습니다. 그러나 현실적으로 20대~30대가 청약통장 보유 기간과 납입총액에서 40대~50대를 뛰어넘기는 쉽지 않습

니다. 특별공급 조건에 해당하는 경우가 아니라면 젊은 세대는 민간분양에 도전하는 것이 청약 성공 확률을 높일 수 있습니다. 이외 크고 작은 차이를 아래의 표로 정리해보았습니다.

공공분양과 민간분양의 차이

	공공분양	민간분양
시행사	LH, SH 등 공공기관 또는 민간 건설사	민간 건설사
공급면적	85㎡ 이하	제한 없음
일반공급 1순위 조건 (투기과열지구인 경우)	청약통장 2년 이상 보유, 청약통장 24회 이상 납입, 납입총액 규모	청약통장 2년 이상 보유 지역예치금 충족 세대주
자산 및 소득 기준	60㎡ 이하 및 특별공급의 경우 자산 및 소득 기준 있음	없음
무주택 여부	무주택 3년 이상	1주택 이하
분양가상한제	적용	공공택지 민간분양 적용 2020년 7월 29일부터 민간택지도 적용

이처럼 민간분양과 공공분양은 그 개념과 1순위 요건이 다르

고 당첨자 선정 방식도 다르므로 공공분양 조건을 충분히 갖췄는데 민간분양만 넣거나 민간분양만 가능한 조건인데 공공분양을 기다려서는 안 됩니다. 내가 어떤 분양에서 더 당첨 가능성이 높을지 확인해봐야 합니다. 특별공급에 관해서는 뒤에서 살펴보기로 하고 먼저 민간분양과 공공분양 일반공급의 청약 조건을 자세히 알아보겠습니다.

민간분양 1순위: 청약 가입 1년 후, 일정 예치금 납입

청약 당첨 가능성을 얘기할 때 1순위 여부가 중요하다는 말 많이 들어 보셨을 겁니다. 청약은 1순위와 2순위로 나눠 접수를 받습니다. 1순위 대상자 중에서 먼저 당첨자를 선정하고 물량이 남는 경우 2순위 대상자로 확대해 나머지 당첨자를 선정합니다.

수도권 지역 청약에서는 대체로 신축 아파트 물량이 부족합니다. 1순위 모집에서 이미 공급 물량 이상으로 청약통장이 접수되기 때문에 신청 접수가 마감되어 2순위까지 기회가 가는 경우는 거의 없습니다.

수원을 청약 격전지로 만들었던 수원 힐스테이트 푸르지오 청약 1순위 경쟁률은 평균 78.36 대 1로 마감되었습니다. 최근 수도권에서 1순위 청약 경쟁률이 가장 높았던 아파트는 르엘 대치로 평균 212 대 1을 기록했습니다. 이렇듯 1순위로 넣더라도 경쟁률이 매우 치열하므로 1순위 청약 요건은 반드시 갖춰야 합니다. 2순위로 넣어도 운 좋으면 되지 않을까 하는 기대는 품지 않는 게 좋습니다.

수도권 지역 민간분양 청약 1순위는 청약통장에 가입한 지 1년이 지나고 지역별 예치금 이상을 납입인정금액으로 보유한 사람입니다. 단순한 조건입니다. 청약통장 예치금을 확인할 때는 지금 내가 살고 있는 지역을 기준으로 합니다.

경기도 성남시 거주자가 인천광역시 전용면적 102㎡ 아파트에 청약을 넣는 경우 예치금은 거주지인 성남시, 즉 기타 시·군 102㎡ 이하 기준 금액인 300만원 이상을 충족하면 됩니다. 서울에 살고 있고 곧 서울에서 분양하는 102㎡ 이하 아파트에 청약을 넣고 싶다면 청약통장에 600만 원의 예치금을 채워놓고 있어야 합니다.

지역·전용면적별 청약통장 예치금액

단위: 만 원

전용면적	서울, 부산	기타 광역시	기타 시·군
85m^2 이하	300	250	200
102m^2 이하	600	400	300
135m^2 이하	1,000	700	400
모든 면적	1,500	1,000	500

만약 청약통장에 매월 2만 원씩 2년간 납부해왔다면 예치금이 부족할 수밖에 없습니다. 그런 경우 주택청약종합저축 가입자라면 최초 입주자 모집공고일 당일까지 부족한 금액을 한꺼번에 납입해 채울 수 있습니다.

청약예금 및 청약부금 통장이라면 입주자 모집공고일 전일까지 지역별, 전용면적별로 필요한 예치금을 채우는 순간 청약 1순위가 됩니다. 그렇기에 가입 기간을 충족했다면 부족한 지역 예치금을 미리 채워두는 것이 중요합니다. 언제 어떤 입주자 모집공고가 나든 바로 청약을 넣을 수 있도록 말입니다.

한편 투기과열지구 및 청약과열지역 청약이라면 그 기준이 더 엄격합니다. 청약통장 가입 2년이 지나야 하며 세대주가 아닌 자, 과거 5년 내 다른 주택에 당첨된 세대, 2주택 이상을 소유한 세대는 1순위 청약을 할 수 없습니다.

세대주만 1순위 청약을 할 수 있기 때문에 세대원이 청약을 넣어 당첨되면 부적격으로 당첨 취소가 됩니다. 부부가 세대를 분리해 각각 세대주로 신청하더라도 만약 두 사람 모두 당첨되는 경우에는 세대 분리를 인정하지 않아 둘 다 취소될 수 있습니다.

서울은 전체가 투기과열지구이며, 수도권 지역 역시 대부분이 청약과열지역으로 지정되어 있습니다. 따라서 서울 및 수도권 청약을 할 때에는 세대주, 세대원 확인이 매우 중요합니다.

갑자기 청약을 넣으려고 하면 본인이 세대주인지 아닌지 헷갈리거나 누가 세대주이고 세대원인지 구분하지 못하는 경우가 종종 있습니다. 사실을 정확히 확인하지 않고 청약을 넣어 당첨되었는데 세대원이었다면 아깝게도 부적격 당첨 취소로 기회를 날리게 됩니다.

민간분양 청약 순위별 조건

청약 순위	청약통장	민간분양 순위별 조건	
		청약통장 가입 기간	납입금
1순위	주택청약 종합저축	·투기과열지구 및 청약과열지역 : 가입 후 2년 경과 ·위축지역: 가입 후 1개월 경과 ·그 외 지역	납입인정금액이 지역별 예치금액 이상
	청약예금	: 수도권 – 가입 후 1년 경과 : 수도권 외 – 가입 후 6개월 경과 (다만 필요한 경우 시·도지사가 수도권은 24개월, 수도권 외 지역은 12개월까지 연장 가능)	
	청약부금		매월 약정납입일에 납입한 납입인정금액이 지역별 예치금액 이상
2순위	1순위에 해당하지 않는 사람(청약통장 가입자만 청약 가능)		

가족 중 유리한 통장 명의로 세대주를 바꿔라

세대주는 누구일까요? 세대주란 그 세대를 대표하는 사람입니다. 주민등록등본을 떼어보면 세대주가 누구인지 확인할 수 있습니다. 세대주가 반드시 그 집의 소유자는 아닙니다. 소유자는 남편이지만 세대주는 아내일 수 있고, 전셋집이라면 집주인이 세대주가 되는 것이 아니라 전세를 살고 있는 임차인이 세대주를 등록합니다. 그래야 그 주소지에 전입신고를 한 임차인이 주택임대차보호법을 적용받을 수 있습니다. 또 실제 주민등록등본상 주소지에 살고 있어야 청약 기회도 주어집니다.

만약 현재 세대주인 남편은 청약통장에 가입한 지 몇 달 되지 않았고 세대원인 아내는 2년 이상 된 청약통장을 가지고 있다고 생각해보겠습니다. 이들은 조정대상지역이자 청약과열지역인 곳에 살고 있고 다음주에 원하는 곳의 아파트 분양이 있을 예정입니다. 그럼 청약통장 요건을 갖춘 아내가 세대주여야 청약을 넣을 수 있습니다. 얼른 세대주를 변경해야 합니다. 청약 요건은 항상 입주자모집공고일을 기준으로 하기 때문에 그 전에 아내가 세대주가 된다면 문제없이 청약을 신청할 수 있습니다. 세대주 변경 방법은 간단합니다. 직접 주민센터를 방문하거나 온라인 정부24 민원서비스를 통해 주민등록 정정 신청을 하면 됩니다.

1인 가구가 늘어나는 요즘은 단독세대도 많습니다. 단독세대란 한 세대를 세대주 1인이 홀로 구성하고 있다는 의미입니다. 단독세대 세대주로 인정받기 위해서는 몇 가지 기준이 있습니다. 우선

만 30세 이상이어야 합니다. 만 30세 미만이 단독세대 세대주가 되려면 기준 중위소득 40% 이상의 소득이 있고 토지 및 주택을 관리할 수 있는 만 19세 이상 성년이어야 합니다. 부모가 없는 경우에는 나이에 상관없이 세대주가 될 수 있습니다. 혼인으로 인해 부모와 세대 분리하는 경우에도 세대주가 될 수 있습니다. 배우자가 사망하거나 이혼으로 1인 가구가 된 경우에도 단독세대를 구성할 수 있습니다.

좋은 입지에 실속 있는 내 집 마련,
공공분양

공공분양은 주거 안정이라는 공공의 이익을 목적으로 짓는 아파트이기에 청약 조건이 민간분양과는 다릅니다. 일반적으로 LH나 SH 등의 브랜드로 분양하지만, 앞서 말했듯이 과천지식정보타운의 과천제이드자이처럼 민간 건설사가 공공분양의 공사와 분양을 맡는 경우도 있습니다. 조건이 맞는 무주택자들에게는 민간분양보다 저렴한 공공분양이 좋은 기회가 될 수 있습니다.

공공분양은 민간분양보다 청약 대상이 한정적입니다. 청약통장을 확인하기 전에 먼저 두 가지 요건을 충족해야 합니다. 첫째, 세대 구성원 전원이 무주택자여야 합니다. 청약을 신청하는 본인뿐만 아니라 그 세대를 구성하고 있는 누구도 주택을 보유하고 있으면 안 됩니다.

세대란 하나의 주소지를 구성하는 구성원을 말하는 단위입니다. 그 세대를 대표하는 사람을 세대주, 그의 배우자를 포함한 직계존비속을 세대원이라고 합니다. 직계존속은 부모, 직계비속은 자녀입니다. 세대원은 곧 부양가족이기도 합니다. 만약 세대주가 아내라면 아내의 배우자와 자녀, 아내의 부모님이 모두 세대원이 될 수 있습니다.

결혼한 언니 집에 같이 사는 여동생이 있습니다. 그리고 여동생에게는 본인 소유의 집이 한 채 있습니다. 세대주인 언니가 공공분양 청약을 넣을 때 여동생의 주택은 세대 구성원 전원이 무주택자여야 하는 조건에 영향을 미칠까요? 정답은 '영향을 미치지 않는다'입니다. 여동생은 직계존속 또는 직계비속이 아니므로 세대 구성원으로 인정받지 못합니다. 또한 여동생은 언니 세대의 부양가족도 아닙니다. 반대로 부모님을 모시고 사는데 부모님 앞으로 다른 주택이 있다면 어떨까요? 부모님은 직계존속이므로 세대 구성원이자 부양가족입니다.

그러므로 부모님이 소유한 주택이 한 채 있다면, 그 세대는 1주택자로 간주됩니다. 다만 만 60세 이상 부모님이 주택이나 분양권을 소유한 경우 세대주인 자녀의 세대가 주택을 소유한 것으로 보지 않으며 부양가족으로 인정하지 않습니다.

둘째, 청약하려는 아파트의 전용면적이 60㎡ 이하라면 소득 및 자산 기준에 부합해야 합니다. 소득 기준은 전년도 도시근로자 가구당 월평균 소득 100% 이하입니다. 2020년 기준 전년도인 2019년 3인 이하 월평균 소득은 약 555만 4,983원입니다. 2019년 기준 자산 요건은 부동산이 2억 1,550만 원, 자동차는 2,799만 원입니다.

공공분양 월소득 기준액

2022년 기준, 단위: 원

공급유형	구분	3인 이하	4인	5인
생애최초, 일반공급 (전용 60㎡ 이하), 배우자소득이 없는 신혼부부	도시근로자 가구당 월평균 소득의 100%	6,208,934	7,200,809	7,326,072
노부모 부양, 다자녀 가구, 배우자 소득이 있는 신혼부부	도시근로자 가구당 월평균 소득의 120%	7,450,721	8,640,971	8,791,286

출처: 청약홈

구분	기준금액
부동산(주택, 토지 등)	215,500,000원
자동차가액	35,570,000원

출처: 청약홈

성실함과 간절함이 공공분양 1순위 조건

공공분양에서는 이렇듯 무주택자 여부와 자산 및 소득 기준이라는 두 가지 요건을 갖춘 다음 비로소 청약통장을 확인합니다. 수도권은 청약통장 가입 1년이 지나고 12회 이상 납입했다면 1순위, 수도권 외 지역은 청약통장 가입 6개월이 지나고 6회 이상 납입했다면 1순위로 청약을 신청할 수 있습니다.

월 납입금은 연체 없이 납입횟수 기준 이상으로 납입되어야 합니다. 연체가 발생할 때마다 그 횟수만큼 순위 경쟁에서 불리해질 수 있습니다. 공공분양 역시 투기과열지구 및 청약과열지역이라면, 과거 5년 내 당첨 사실이 없는 세대의 세대주만 1순위 청약이 가능합니다. 청약통장도 가입 기간 2년 이상, 납입횟수 24회 이상으로 기준이 높아집니다.

공공분양 청약 순위별 조건

청약 순위	청약통장	순위별 조건	
		청약통장 가입 기간	납입금
1순위	주택청약 종합저축	·투기과열지구 및 청약과열지역 : 가입 후 2년 경과 ·청약위축지역 : 가입 후 1년 경과 ·그 외 지역 : 수도권 –가입 후 1년 경과 : 수도권 외 –가입 후 6개월 경과(다만 필요한 경우 시·도지사가 수도권은 24개월, 수도권 외 지역은 12개월까지 연장 가능)	매월 약정납입일에 월 납입금 10만 원을 연체 없이 다음의 지역별 납입 횟수 이상 납입 ·투기과열지구 및 청약과열지역: 24회 ·청약위축지역: 1회 ·그 외 지역 : 수도권 – 12회 : 수도권 외 – 6회 ·단, 월 납입금을 연체하여 납입한 경우 주택공급에 관한 규칙 제10조 제3항에 따라 순위발생일이 순연됨
	청약예금		
	청약부금		
2순위	1순위에 해당하지 않는 사람(청약통장 가입자만 청약 가능)		

민간분양은 청약통장 가입 기간을 보지만 공공분양은 납입횟수도 중요하게 보는 점이 다르다는 것이 특징입니다. 공공분양에서

납입횟수가 중요한 이유는 당첨자 선정 방법과 관련 있기 때문입니다.

민간분양은 경쟁이 있을 때 기준 항목에 가점을 매겨 점수 순으로 뽑는 가점제 방식과 무작위로 당첨자를 선정하는 추첨제 방식을 활용합니다. 그러나 공공분양은 앞에서 말한 조건을 모두 갖춘 사람들 가운데 전용면적에 따라 당첨자 선정 기준이 나뉩니다. 전용면적이 40㎡를 초과할 때는 무주택 기간이 길고 저축총액이 많은 순서로, 40㎡ 이하일 때는 무주택 기간이 길고 납입횟수가 많은 순서로 당첨자를 선정합니다.

공공분양 당첨자 선정 기준

순차	40m² 초과	40m² 이하
1	3년 이상의 무주택 세대 구성원으로서 저축총액이 많은 자	3년 이상의 무주택 세대 구성원으로서 납입횟수가 많은 자
2	저축총액이 많은 자	납입횟수가 많은 자

출처: 청약홈

여기에서 공공분양은 1회 납입금액을 10만 원까지만 인정한다는 점을 유의해야 합니다. 민간분양은 주택청약종합저축 기준 입주자 모집공고일 당일까지 부족한 예치금을 채울 수 있습니다. 그러나 공공분양은 1회 최대 10만 원까지 인정하기 때문에 무주택 기간을 길게 유지하면서 오랫동안 꼬박꼬박 10만 원씩 모아야만 경쟁력이 높아집니다. 현재는 서울 기준 평균 15년 이상 된 통장이 당첨 안정권이라고들 합니다.

이렇듯 공공분양은 1순위부터 당첨자 선정까지 민간분양보다 조건이 까다롭습니다. 그래서 젊은 세대가 지금 준비해서 바로 도전하기에는 어려움이 있습니다. 오래 전 부모님께서 만들어 주셨지만 납입하지 않고 방치해둔 청약통장이 있다면 그 기간과 연체 상태를 확인해보기 바랍니다.

장기 연체한 청약통장 1순위 만들기

청약통장을 연체한 지 너무 오래되었다고 걱정할 필요는 없습니다. 연체금이 있더라도 일시 납입 및 선납을 통해 공공분양 청약 기준에 맞게 통장을 다시 관리할 수 있기 때문입니다. 청약통장을 해지하고 다시 시작하는 것보다 더 유리한 자격의 통장으로 만들 방법이 있으니 오래 보유해온 청약통장은 해지하지 않는 게 좋습니다. 연체금 일시 납입 및 선납을 통한 납입인정일 계산법은 다음과 같습니다.

회차별 납입인정일 = 약정납입일 + (연체총일수−선납총일수)÷납입횟수

그렇다면 2018년 3월 5일에 청약통장에 가입하고 1회 납입 후 계속 연체해 오다가 2020년 4월 5일에 그동안 납입하지 않은 2회 차부터 26회차까지 연체된 금액을 한꺼번에 납입했을 때 인정되는 월 납입금과 납입횟수는 어떻게 계산할 수 있을까요?

월 납입금은 10만 원까지 인정되므로 2회차부터 26회차까지 총 250만 원을 납입하고 당회분 10만 원도 납입합니다. 그리고 2020년 4월 5일 기준 7회차를 인정받습니다. 수도권 기준 1순위 청약은 12회 이상 납입이므로 12회차인 2020년 7월 19일 이후 입주자 모집공고 청약부터 넣을 수 있습니다.

앞으로 연체총일수 대비 납입회차가 계속 늘어나므로 납입회차가 인정되는 기간은 점점 줄어듭니다. 연체일수를 없애기 위해 2020년 4월 5일에 2회차부터 26회차까지의 연체금 일시 납입과 함께 27회차부터 적용되는 납입금의 선납금을 일시에 넣으면 됩니다. 다음 표와 같이 계산해 필요한 만큼 선납할 수 있습니다. 선납은 최대 2년 치까지 인정됩니다.

주택종합청약저축 회차별 납입인정일

약정 납입일	실제 납입일	연체 일수	연체 총일수	선납 일수	선납 총일수	납입 회차	납입인정일
18-03-05	18-03-05	0	0	0	0	1	18-03-05
18-04-05	20-04-05	731	731	0	0	2	19-04-05
18-05-05	20-04-05	701	1,432	0	0	3	19-08-25
18-06-05	20-04-05	670	2,102	0	0	4	19-11-12
18-07-05	20-04-05	640	2,742	0	0	5	20-01-04
18-08-05	20-04-05	609	3,351	0	0	6	20-02-14
18-09-05	20-04-05	578	3,929	0	0	7	**20-03-19** **실제 납입일 기준** **인정 회차**
18-10-05	20-04-05	548	4,477	0	0	8	20-04-16
18-11-05	20-04-05	517	4,994	0	0	9	20-05-12
18-12-05	20-04-05	487	5,481	0	0	10	20-06-05
19-01-05	20-04-05	456	5,937	0	0	11	20-06-27
19-02-05	20-04-05	425	6,362	0	0	**12**	**20-07-19** **수도권 기준** **청약 1순위**
19-03-05	20-04-05	397	6,759	0	0	13	20-08-05
19-04-05	20-04-05	366	7,125	0	0	14	20-08-25
19-05-05	20-04-05	336	7,461	0	0	15	20-09-13
19-06-05	20-04-05	305	7,766	0	0	16	20-10-02
19-07-05	20-04-05	275	8,041	0	0	17	20-10-20
19-08-05	20-04-05	244	8,285	0	0	18	20-11-07
19-09-05	20-04-05	213	8,498	0	0	19	20-11-25
19-10-05	20-04-05	183	8,681	0	0	20	20-12-12
19-11-05	20-04-05	152	8,833	0	0	21	20-12-29

19-12-05	20-04-05	122	8,955	0	0	22	21-01-15
20-01-05	20-04-05	91	9,046	0	0	23	21-02-01
20-02-05	20-04-05	60	9,106	0	0	24	21-02-18
20-03-05	20-04-05	31	9,137	0	0	25	21-03-05
20-04-05	**20-04-05**	**0**	**9,137**	**0**	**0**	**26**	**21-03-22 이후 최대 2년치 선납 가능**
20-05-05	20-04-05	0	9,137	30	30	27	21-04-07
20-06-05	20-04-05	0	9,137	61	91	28	21-04-24
20-07-05	20-04-05	0	9,137	91	182	29	21-05-09
20-08-05	20-04-05	0	9,137	122	304	30	21-05-26
20-09-05	20-04-05	0	9,137	153	457	31	21-06-12
20-10-05	20-04-05	0	9,137	183	640	32	21-06-27
20-11-05	20-04-05	0	9,137	214	854	33	21-07-14
20-12-05	20-04-05	0	9,137	244	1098	34	21-07-29

...

    계산이 다소 복잡하게 느껴진다면 청약통장을 가입한 은행에 가면 계산해줍니다. 청약통장 납입을 오랫동안 해오지 않았다면 은행에 가서 연체일수를 확인하고 일시 납입한 후 하루라도 빨리 청약 1순위 날짜를 앞당기길 바립니다.

집, 빌려 쓰고 싶다면
임대주택

　청약으로 공급하는 아파트에는 임대료를 받고 거주자에게 빌려 주는 임대주택도 있습니다. LH 같은 공공기관이나 건설사가 임대 주체이기에 안정적이며 일반 전월세보다 계약 기간이 길어 주거비 부담이 적습니다. 또한 임대주택에 입주하면 아파트에 거주하면서도 취득세와 재산세 등을 고민하지 않아도 됩니다.

　임대주택에는 공공건설 임대주택(공공임대)과 민간건설 임대주택(민간임대), 공공지원 민간임대주택이 있습니다.

공공임대 아파트

공공임대는 공공기관이 공급하는 아파트로 입주자는 5년~10년 또는 50년간 임대로 거주할 수 있습니다. 거주 기간이 5년~10년인 임대주택의 보증금과 월 임대료는 주변 시세의 90%~100% 수준에서 산정됩니다. 임대 기간이 끝난 뒤에는 입주자를 우선으로 분양 전환합니다. 이처럼 5년~10년이라는 일정 기간 동안 주거비 부담이 덜하고 살던 집을 그대로 소유할 수 있어 선호도가 높습니다.

거주 기간이 50년인 임대주택은 보증금을 분납금 형태로 여러 해에 걸쳐 납부하며 월 임대료가 있습니다. 50년 공공임대는 분양 전환이 이루어지지 않지만 영구임대의 성격을 가지므로 주거 안정을 누릴 수 있는 장점이 있습니다.

공공임대가 분양으로 전환될 때 분양가는 해당 시점의 주변 시세에 따른 감정평가금액을 기준으로 합니다. 이는 건설사와 입주자 간 갈등을 일으키는 원인이 되기도 합니다. 최근 판교 사례가 대표적입니다. 판교신도시 개발과 함께 판교역 일대에 약 4천 세대 규모의 10년 공공임대주택이 지어졌습니다. 2018년, 분양 진환 시기가 다가오자 한국토지주택공사(LH)는 원칙대로 주변 시세의 약 80% 수준으로 분양가를 책정했습니다. 그러나 지난 10년 동안 판교 일대 집값이 천정부지로 치솟아 감정평가금액은 입주 시점에 예상했던 것보다 훨씬 높았습니다. 입주를 계획했던 거주자들은 너무 높아져버린 분양가 탓에 분양 전환 금액 마련이 어렵다며 단체로 반발하고 있습니다. 공급을 담당한 LH는 원칙에 따라 오른 시세를 반영한 것인데 판단 기준이 달라져 난감한 상황입니다. 반면 제3자 입장에서는 분양가가 입주 시점 예상가보다는 높아졌을지 몰라도 노른자 입지에 10년 이상 거주했고 시세보다 저렴하게 분양을 받는다는 사실에 허탈감을 느낍니다.

공공임대 청약은 LH에서 주관하므로 청약 신청 및 일정 확인 등은 청약홈이 아닌 LH청약센터에서 해야 합니다. 사이트에서 입주자 모집공고를 확인하고 청약을 접수하는 방식은 일반 분양과 같습니다. 신청자는 청약통장을 보유하고 있어야 합니다. 아파트 전용면적이 85㎡ 이하일 때는 해당 지역에 거주하는 무주택 세대 구성원에게, 85㎡를 초과할 때는 만 19세 이상이면 누구나 지원 자격이 주어집니다. 공공의 성격을 띠는 만큼 공공분양의 자산 보유 기준도 충족해야 합니다. 공공임대 또한 일반공급 외 다자녀, 노부모 부양, 신혼부부, 생애최초 등의 특별공급이 있습니다.

입주자 선정 방식도 공공분양과 같습니다. 수도권의 경우 청약통장 1년 이상 가입 및 12회 이상 납입한 무주택 세대구성원이라면 1순위로 지원할 수 있습니다. 투기과열지구 및 청약과열지역은 청약통장 2년 이상 보유 및 24회 이상 납입을 기준으로 합니다. 1순위 경쟁이 있을 때는 전용면적이 40㎡를

초과하면 무주택 3년 이상 세대 구성원 중 저축총액이 많은 사람을 우선합니다. 전용면적이 40㎡ 이하이면 무주택 3년 이상 세대 구성원 중 납입횟수가 많은 순으로 당첨자를 선정합니다.

한편 서울주택도시공사(SH)에서는 임대주택에 살아야 할 정도로 저소득층은 아니지만 민영주택을 구매할 만큼의 자산을 보유하지 못한 중간 계층을 위한 '지분적립형 분양 모델'을 출시했습니다. 어느 지역의 아파트를 얼마의 금액으로 제공하는지, 그리고 어떤 조건을 갖춰야 지원할 수 있을지 관심 있게 지켜보기 바랍니다.

민간임대 아파트

최근 오송역 대광로제비앙, 신광교 제일풍경채 등 8년 민간임대가 성황리에 청약을 마감했습니다. 민간임대는 임대의 주체가 민간 건설사로 공공임대와 마찬가지로 일정 기간 임대료를 내고

살다가 분양 전환을 통해 분양을 받을 수 있습니다. 분양가는 전환 시점에 주변 시세를 참고하되 공급자인 민간 건설사의 결정 방식을 따릅니다. 참고로 신광교 제일풍경채의 경우 84~94m² 타입의 보증금은 6억 500만 원, 월 임대료는 58만 원, 임대기간은 8년이었습니다. 간혹 분양 전환 조건이 없는 경우도 있으므로 분양 전환 여부는 입주자 모집공고를 통해 확인하시기 바랍니다.

민간임대는 청약통장이 없어도 지역에 따라 거주 요건, 세대주 요건만 갖추면 만 19세 이상 누구나 지원할 수 있다는 장점이 있습니다. 다주택자도, 청약 당첨 이력이 있어도 넣어볼 수 있기 때문에 다른 청약에 비해 자유롭게 도전해볼 수 있습니다. 당첨자 선정도 점수나 조건을 충족할 필요 없이 무작위 추첨을 통합니다.

민간임대에는 4년과 8년 유형이 있었으나 최근 4년 단기 주택 임대사업자 등록이 폐지되어 앞으로는 8년 이상 장기 임대 아파트 위주로 나올 것으로 예상됩니다.

공공지원 민간임대 아파트

공공지원 민간임대는 기존의 '뉴스테이'의 장점(8년간 장기 거주, 임대료 인상 제한)을 살리면서 단점으로 지적됐던 높은 임대료를 낮

추고 취약 계층을 배려하는 등 공공
성을 강화한 주택입니다.

　민간 건설사가 임대주택을 공급하
는 방식은 같지만 주거지원 계층의 혜
택을 늘리는 대신 건설사가 용적률 완
화, 세제 감면 등의 혜택을 받을 수 있습니다.

　2022년 공공지원 민간임대 분양을 한 힐스테이트 관악 뉴포레
는 분양 당시 59m²타입의 보증금이 2억 5,100만 원에 월 임대료는
36만 8,000원, 임대기간은 8년이었습니다. 또 2년 단위로 임대차
계약을 갱신할 수 있습니다.

　인천도시공사에서 개발한 더샵 부평 센트럴시티도 2022년 공
공지원 민간임대주택으로 총 3,578가구를 공급했습니다. 전체
5,678세대 중 3,578세대가 민간임대이며 2년마다 갱신하면 최대 8
년간 거주가 가능합니다. 84m²타입의 보증금은 2억, 월임대료는
45만 원입니다.

　민간임대에서는 지원 자격에 큰 제한을 두지 않지만 공공지원
민간임대는 만 19세 이상 무주택 세대 구성원을 우선합니다. 이 외
에도 청년, 신혼부부 등을 대상으로 하는 특별공급이 있다는 점도
다릅니다.

공공지원 민간임대 입주자는 8년 동안 안정적인 거주를 보장받습니다. 건설사는 용적률 완화, 세제 감면 등의 혜택을 받습니다. 임대료는 일반공급의 경우 시세의 90%~95%, 특별공급은 시세의 70%~85% 수준으로 책정됩니다.

무주택자 우선, 특별공급, 임대료 혜택 등의 공공성을 띠는 민간 건설 임대주택으로 정리할 수 있습니다. 다만 분양 전환이 의무가 아니므로 건설사에 따라 8년의 거주 기간이 끝나도 분양이 이루어지지 않을 수도 있습니다. 건설사가 계속 임대할지 아니면 분양할지를 결정할 수 있습니다.

서울 사는 맞벌이 30대라면 지분적립형 분양주택을

서울에 사는 수많은 30대가 내 집 마련을 꿈꿉니다. 하지만 이들은 실수요자임에도 가장 중요한 청약점수와 목돈이 부족한데 맞벌이가 많아 소득은 어중간하게 높습니다. SH는 이처럼 임대주택에 살 정도로 저소득층은 아니지만 민영주택을 구매할 만큼의 자산은 없는 중간 계층을 위한 분양주택 공급안을 2020년 8월에 선보였습니다. 바로 지분적립형 분양주택 모델인 '연리지홈'입니다. 연리지는 뿌리가 다른 나무가 서로 엉켜 마치 하나의 나무처럼 자라는 것을 뜻합니다. SH와 시민이 함께 한 채의 집을 장만하자는 의미로 연리지홈이라는 이름을 지었다고 합니다.

지분적립형 분양주택은 입주할 때 분양가의 20%~40%만 내고 20년~30년 거주하면서 나머지 지분을 단계별로 사들이는 방식입니다. 만약 4억 원짜리 집을 분양받았다면 분양가의 25%인 1억 원만 내면 소유권이 생기며 나머지 지분인 3억 원은 4년에 한 번씩 세 번에 나누어 납입하는 방식입니다.

서울시는 강남구 삼성동의 서울의료원 부지 등에 지분적립형 분양주택을 건설해 분양한다는 계획을 세웠습니다. 아직 구체적인 공고는 나오지 않았지만 저이용 유휴 부지 개발이나 공공시설 복합화 사업 등으로 신규 주택 공급 대상지를 확보해 2028년까지 약 1만 7천 가구의 지분적립형 분양주택을 공급할 예정이라고 합니다. 자금력이 부족한 30대가 가진 청약통장을 유용하게 사용할수 있는 기회이니 눈여겨보기 바랍니다.

청약의 VIP, 특별공급

청약 만점은 84점입니다. 얼마 전 흑석리버파크자이 분양에서 청약 만점자가 나와 화제였습니다. 84점 청약 만점이 되기 위해서는 무주택자 15년 이상, 청약통장 가입 기간이 15년 이상이어야 합니다. 무주택자는 30세부터 산정하므로 만점이 되려면 45세 이상이어야 하며(20대에 혼인했다면 혼인한 해를 기준으로 시작합니다), 부양 가족수가 6명 이상이 되어야 나올 수 있는 점수입니다. 배우자와 아이 5명, 또는 배우자와 아이 셋에 집이 없는 노부모 두 명까지 부양해야 가능한 점수입니다. 이 정도라면 집을 안 내줄 수가 없는 가족이 아닐까 합니다.

청약이 로또가 된 지금 청약에 당첨되기 위해 벌이가 좋은 배우자의 일을 일정 기간 중단하게 하거나 두 대 있는 자동차를 하나로 정리하는 경우도 있습니다. 공공분양 신혼부부 특별공급을 준비하던 부부가 생각 없이 외제차를 구입했는데 차량 기준가액을 초과하는 바람에 계획에 차질을 빚었던 경우도 있었습니다. 특별공급을 준비하고 있다면 미리 가점과 소득 기준을 살펴서 만반의 준비를 해놓길 바랍니다.

아파트 분양 시 특별공급 비중

구분		특별공급						일반공급
		합계	신혼부부	다자녀	노부모	생애최초	중소기업	
국민주택		85%	30%	10%	5%	25%	15%	15%
민영주택	공공택지	58%	20%	10%	3%	15%	10%	42%
	민간택지	50%	20%	10%	3%	7%	10%	50%

위의 표를 보면 아파트를 분양할 때 특별공급의 비중이 얼마나 큰지 느낄 겁니다. 민간 포함 50% 이상이 특별공급 물량이기 때문

입니다. 평생 한 세대 한 번의 기회, 특별공급은 요건을 갖춘 사람들끼리 경쟁한다는 측면에서 일반공급보다 당첨 가능성이 높아 많은 사람들이 관심을 갖는 청약입니다. 주택 마련에 사회적 지원이 필요한 계층을 그 대상으로 하며 신혼부부, 다자녀 가구, 노부모 부양 가구, 기관 추천(장애인, 국가유공자, 다문화 가족 등)을 예로 들 수 있습니다.

분양가 9억 원 초과 주택은 특별공급으로 공급되지 않습니다. 배려 대상을 위한 제도이기에 중도금 대출이 나오지 않는 고가 주택은 제외하는 것으로 이해할 수 있습니다. 일반적으로 많이 지원하는 세 가지 특별공급인 신혼부부, 다자녀, 노부모 부양 특별공급을 살펴보겠습니다. 추가로 생애최초 특별공급과 잘 모르고 지나치는 중소기업 근로자 특별공급까지 알아보겠습니다.

신혼부부 특별공급

결혼을 앞두거나 했다면 신혼부부 특공에 대해 많이 들어보셨을 겁니다. 신혼부부라는 이름이 붙어 이제 막 결혼한 신혼이라면 누구든 넣을 수 있는 청약처럼 보이지만, 생각보다 신혼의 범위가 넓고 범위에 들더라도 몇 가지 기준을 충족해야 합니다.

신혼의 기준은 규정상 혼인 신고일로부터 7년입니다. 만 6세 이하 아이가 있는 한부모 가족, 입주 전까지 혼인 사실을 증명할 수 있는 예비 신혼부부도 모두 포함합  니다. 그러나 7년 이내 모든 신혼부부가 넣을 수 있는 청약이었다면 신혼부부 특공 경쟁률은 매번 기록을 경신했을 겁니다.

7년 이내 신혼부부 중 혼인신고일부터 입주자 모집공고일까지 쭉 무주택을 유지한 경우에만 특별공급에 지원할 수 있습니다. 2018년 12월 10일 이후 혼인신고일을 기준으로 주택을 매수한 적 있다면 입주자 모집공고일 이전에 주택을 처분하더라도 신혼부부 특공 대상에서 제외됩니다. 이러한 기준 때문에 청약을 고려하고 있는 부부가 혼인신고를 일부러 늦게 하는 편법 아닌 편법을 쓰는 경우도 많습니다. 실제 결혼한 시점보다 늦게, 대체로는 아이가 생겼을 무렵에 혼인신고를 해 특공에서 인정받을 수 있는 혼인 기간도 늘리고 당첨 가능성도 높이려는 목적입니다.

소득 기준도 있습니다. 분양하는 아파트가 분양가 6억 원 이상 민영주택이라면, 세대 월평균 소득이 전년도 도시근로자 가구당 월평균 소득의 140%(맞벌이 160%) 이하의 범위에 있을 때 지원할 수 있습니다. 최근 부동산 대책에 따라 기존 최대 130%에서 기준이 대폭 완화되었습니다. 그 중 월평균 소득 100%(맞벌이 120%) 이하 세대에게 물량 70%를 우선 배정합니다.

공공주택도 소득 기준이 완화되어 우선공급 대상은 전년도 도시근로자 월평균 소득의 100%(맞벌이 120%) 이하 범위이며 일반 공급 대상은 130%(맞벌이 140%)까지 지원할 수 있습니다. 다만 공공주택에는 자산 기준이 추가되어 신혼부부가 소유한 건물, 토지 등의 금액이 2억 1,550만 원, 차량 기준가액이 3,557만 원(2022년 기준)을 넘어서는 안 됩니다.

신혼부부 특별공급 소득 기준

공공분양	우선공급 70%	100%(맞벌이 120%)
	일반공급 30%	130%(맞벌이 140%)
신혼희망타운	130%(맞벌이 140%)	
민간분양	우선공급 70%	100%(맞벌이 120%)
	일반공급 30%	140%(맞벌이 160%)

도시근로자	100%	7,200,809원
월평균 소득	120%	8,640,971원
(4인 가구 기준, 세전)	140%	10,081,133원

이러한 기준에 부합하면서 부부 사이 태아를 포함한 미성년 자녀가 있으면 비로소 신혼부부 특별공급 1순위로 지원할 수 있습니다. 반가운 소식 중 하나는 민간분양 아파트의 신혼특공 일반공급은 앞으로 추첨제로 당첨자를 선정하는 것으로 제도가 바뀌었습니다. 그래서 미성년 자녀가 없거나 1명이더라도 추첨으로 당첨 희망을 품어볼 수 있습니다. 물론 기본적으로 같은 순위 내에서 경쟁할 때 해당 지역에 거주하면서 미성년 자녀가 있으면 유리합니다. 따라서 신혼부부 특공은 사실상 무주택, 소득 기준에 부합하면서 미성년 자녀가 있는 세대를 우선하는 제도입니다.

그러다 보니 여러 불법적인 일들이 발생하기도 했습니다. 소위 부동산 브로커로 불리는 이들이 불법으로 서류를 위조해서 당첨을 '만들어내는' 경우입니다. 청약에 당첨되면 분양권에 붙는 프리미엄을 노리고 벌이는 일입니다. 우선 당해 요건을 갖춘 무주택 신혼부부에게 접근해 청약통장을 빌려주면 1천만 원을 주겠다고 합니다. 여러 통장을 모은 브로커는 임산부들에게도 접근해 임신진단서를 발급받고 청약통장 명의자의 서류로 위조합니다. 그렇게 청약에 넣어 당첨되면 전매를 하고 프리미엄 이익을 챙겨 달아나는 수법입니다. 그 과정에서 청약통장을 빌려준 사람, 임신진단서를 떼 준 사람, 브로커 모두 손해보는 것은 없습니다. 기회를 빼앗긴 청약자들만 피해를 볼 뿐입니다.

특공은 특정 대상끼리의 경쟁이기 때문에 일반 청약에 비해 당첨 가능성을 예측하기 쉬워 이런 일들이 많이 발생합니다. 또 분양권은 계약금만 넣은 상태에서 전매가 가능하고 다운 거래 등으로 프리미엄이 현금으로 오갈 수 있는 점도 짧은 시간에 큰돈을 벌려는 사람들에게 좋은 타깃이 되었습니다. 최근에는 이러한 불법 행위 단속이 철저하게 이루어지고 전매가 강화된 것은 물론 대중적으로 청약에 대한 사람들의 관심도 높아 예전만큼 브로커가 활발하게 활동하기는 어렵습니다. 그럼에도 청약 취지에서 벗어나는 행동을 하거나 당장의 이익에 현혹되지 않았으면 좋겠습니다.

제 친구는 이 신혼부부 특공을 잘 활용해 내 집 마련에 성공했습니다. 서울에서 신혼생활을 시작해 첫째를 낳고 몇 번의 청약에 도전한 끝에 얻은 결과입니다. 신혼 연령층인 30대에게 서울 지역의 일반 청약이 워낙 어렵다 보니 신혼부부 특공에 엄청난 인원이 몰리기 일쑤입니다. 매번 서울 지역의 치열한 경쟁률을 실감하며 낙첨의 고배를 마셨습니다.

어떻게 하면 당첨될 수 있을까 고민하다 서울보다는 당해 경쟁인원이 적고 앞으로 청약 예정지가 많다고 판단한 성남으로 과감하게 이사를 결심했습니다. 그중에서도 특히 고등지구, 대장지구 등을 노려볼 계획이었습니다. 그렇게 성남시 거주 1년이 넘어설 무렵 둘째를 임신했고 신혼 기간 내 미성년 자녀 둘로 판교 대장지구 더샵포레스트에 당첨이 되어 이제 입주를 앞두고 있습니다. 특공을 목표로 나름의 계획을 세우고 실행해 좋은 결과를 낸 경우였습니다.

■ 신혼희망타운 ■

신혼희망타운은 육아와 보육 시설을 최우선으로 건설하고, 전량을 신혼부부 등에게 공급하는 신혼부부 특화형 공공주택입니다. 서울 양원, 위례, 고양 지축, 과천지식정보화타운 등 대중교통이 편리한 지역에 위치해 있으며 면적이 46m^2, 55m^2로 다소 작을 수는 있지만 신혼부부 맞춤 자녀교육에 특화된 시설을 제공합니다. 국공립 어린이집을 설치하고 친환경 놀이터, 공동 육아방, 도서관 등 자녀를 키우기에 최적화된 교육 환경과 복지 시설을 갖추고 있습니다. 분양형과 임대형 두 종류가 있으며 이 역시 청약통장으로 신청합니다(자세한 설명은 책 183쪽 참조).

아이가 셋 이상이라면 다자녀 특별공급을

아이가 둘일 때는 신혼부부 특공을 노리고, 태아를 포함해 미성년 자녀가 셋 이상이라면 무조건 다자녀 특공을 준비하시길 바랍니다. 다른 특공이나 일반 청약보다 조건이 좋고 훨씬 경쟁력이 있기 때문입니다.

공공주택은 모두 전년도 도시근로자 월평균 소득 120% 이하의 소득 기준이 적용되며 공공주택 특별법 적용 대상인 경우, 이 기준에 더해 신혼부부 특공과 같은 부동산 및 자동차 자산 기준 역시 충족해야 합니다. 민영주택은 소득 및 자산 기준을 적용하지 않습니다. 이것만으로도 벌써 신혼부부 특별공급보다는 요건이 자유롭다는 게 느껴집니다. 다자녀 특공이라는 이름처럼 자녀수에 초점이 맞춰져 있는 청약입니다.

다자녀 특공은 가점제처럼 기준 항목에 따라 점수를 매겨 높은 순으로 당첨자를 선정합니다. 100점 만점이며 수도권에서는 대체로 80점 이상이 안정권입니다.

다자녀 특별공급 점수

평점 요소	배점 기준	점수	비고
미성년 자녀수	5명 이상	40	자녀(태아, 입양아, 전혼자녀 포함)는 입주자 모집공고일 현재 미성년자인 경우만 포함
	4명	35	
	3명	30	
영유아 자녀수	3명 이상	15	자녀(태아, 입양아, 전혼자녀 포함)는 입주자 모집공고일 현재 만 6세 미만인 경우
	2명	10	
	1명	5	
세대 구성	3세대 이상	5	공급 신청자와 직계존속(배우자의 직계존속을 포함하여 무주택자로 한정)이 입주자 모집공고일 현재로부터 과거 3년 이상 계속하여 동일 주민등록표등본에 등재
	한부모가족	5	공급 신청자가 '한부모가족지원법 시행규칙' 제3조에 따라 여성가족부 장관이 정하는 한부모가족으로 5년이 경과한 자
무주택 기간	10년 이상	20	배우자의 직계존속(공급신청자 또는 배우자와 동일 주민등록표등본에 등재된 경우 한정)도 무주택자여야 하며, 공급신청자 및 배우자의 무주택 기간을 산정
	5년 이상 10년 미만	15	청약자가 성년(만 19세 이상, 미성년자가 혼인한 경우 성년으로 봄)이 되는 날부터 계속하여 무주택 기간으로 산정하되, 청약자 또는 배우자가 주택을 소유한 사실이 있는 경우에는그 주택을 처분한 후 무주택자가 된 날(2회 이상 주택을 소유한 사실이 있는 경우에는 최근에 무주택자가 된 날을 말함)부터 무주택 기간 산정
	1년 이상 5년 미만	10	

해당 시·도 거주 기간	10년 이상	15	공급 신청자가 성년자(19세 이상, 미성년자가 혼인한 경우 성년으로 봄)로서 해당 지역에 입주자 모집 공고일 현재까지 계속하여 거주한 기간을 산정
	5년 이상 10년 미만	10	*시는 광역시·특별자치시 기준이고, 도는 도·특별자치도 기준이며, 수도권의 경우 서울·경기·인천 지역 전체를 해당 시·도로 봄
	1년 이상 5년 미만	5	
입주자저축 가입 기간	10년 이상	5	입주자 모집공고일 현재 공급 신청자의 가입 기간을 기준으로 하며, 입주자저축의 종류, 금액, 가입자명의 변경을 한 경우에도 최초 가입일 기준으로 산정
			*한국감정원에서 청약 신청할 경우 청약통장 정보를 확인하여 자동으로 입력됨

점수를 계산할 때 3명 이상의 미성년 자녀수가 가장 중요하며 그중에서도 영유아가 있으면 추가 점수를 받을 수 있습니다. 그리고 무주택 기간과 청약통장 가입 기간 등의 점수를 매깁니다.

다자녀 특공에서도 해당 지역 거주 기간에 점수를 주지만 이는 다른 청약에서의 당해 우선과는 조금 다릅니다. 사실상 다자녀 특공은 당해 우선이 없다고 볼 수 있습니다. 해당 지역 거주 기간을 계산할 때 광역시, 특별자치시, 도를 기준으로 하기 때문입니다. 서울, 경기, 인천은 수도권 전체로 묶어 계산합니다. 예를 들어 경기도 안산시에 계속 거주해온 사람이 서울 아파트에 다자녀 특공으로 청약을 신청할 때, 해당 지역 거주 기간은 수도권 거주민으로

서 적용합니다. 따라서 안산시 거주 기간을 모두 인정받을 수 있습니다.

노부모 부양 특별공급

만 65세 이상 부모를 3년 이상 부양한 무주택 세대주라면 노부모 부양 특별공급을 신청할 수 있습니다. 다만 가점제에서는 만 60세 이상 직계존속이 소유한 주택 및 분양권 등을 청약 신청자의 주택 수로  간주하지 않지만 노부모 부양 특별공급에서는 주택 수로 간주하는 점이 다릅니다. 즉 노부모 부양 특공을 신청하기 위해서는 세대 전원이 무주택이어야 합니다. 소득 및 자산 기준은 다자녀 특별공급과 동일합니다.

부모의 나이가 청약 시점에 만 65세를 넘기면 신청이 가능합니다. 가령 어머니가 만 60세였던 시점부터 쭉 같이 살아오다가 5년 뒤 만 65세를 넘긴 시점에 5년 이상 부양한 무주택세대수로서 노부모 부양 특별공급을 지원할 수 있습니다. 만 65세의 기준은 부모 중 한 명만 충족해도 됩니다. 다른 특공과 달리 노부모 부양 특공은 세대주만 신청할 수 있습니다. 세대주 요건은 입주자 모집공고일을 기준으로 하기 때문에 반드시 세대주 상태에서 부모를 3년 이상 부양할 필요는 없고 입주자 모집공고일 전에 세대주로 변경해 신청할 수 있습니다. 주민등록등본으로 3년 이상 부양한 내용이 입증되기만 하면 됩니다.

노부모 부양 특별공급 당첨자 선정

순차	전용면적 40m² 초과 주택	전용면적 40m² 이하 주택
1	무주택 기간이 3년 이상이며 청약통장 저축총액이 많은 자	청약통장 저축총액이 많은 자
2	무주택 기간이 3년 이상이며 청약통장 납입횟수가 많은 자	청약통장 납입횟수가 많은 자

노부모 부양 특공의 당첨자 선정 방식은 공공주택의 경우 전용면적 40㎡를 초과하는 주택이라면 무주택 기간이 3년 이상이며, 청약통장 저축총액이 많은 사람, 그 다음으로 무주택 기간이 3년 이상이며 납입횟수가 많은 사람을 우선합니다. 민영주택은 84점 만점의 가점제 방식과 동일하게 무주택 기간, 부양가족수, 청약통장 가입 기간에 점수를 매겨 당첨자를 선정합니다.

당첨자 선정 방식이 가점제 기준과 같기 때문에 노부모 부양 특공을 신청하는 세대 중 가점이 높게 나오는 경우에는 특공과 일반 청약을 모두 넣으면 당첨 가능성을 높일 수 있습니다.

신혼, 다자녀, 노부모 부양도 아니라면
생애최초 특별공급

부모님 도움 없이 외동 아이를 키우며 결혼한 지 7년이 넘은 무주택 부부가 있습니다. 기존의 특별공급 요건에는 아무 것도 해당되지 않는 이들에게는 방법이 없을까요?

생애최초 주택구입 특별공급, 줄여서 생애최초 특공은 생애 처음으로 주택을 구입하기 위해 청약하는 사람을 대상으로 합니다. 따라서 입주자 모집공고일 기준 무주택자이더라도 이전에 주택을 매수한 사실이 있으면 지원할 수 없고 세대에 주택을 보유한 세대원이 있다면 역시 지원할 수 없습니다. 평생 주택을 소유한 적 없는 세대가 그 대상입니다.

원래 생애최초 특공은 85㎡ 이하 국민주택을 공급하는 공공분양에 있는 공급방식이었으나 2020년 7월 10일 부동산 대책에 따라 민간분양으로도 확대 적용되었습니다. 무주택자를 위한 사회적 배려이기에 투기과열지구의 분양가 9억 원 초과 주택은 생애최초 특공 물량이 나오지 않습니다.

생애최초 특공의 대상이 되려면 청약통장 가입 2년 이상, 납입 24회 이상을 충족하고 총 저축액이 600만 원 이상이어야 합니다. 결혼을 했거나 자녀가 있는 세대여야 하며 세대 월평균 소득은 전년도 도시근로자 가구당 월평균 소득 100% 이하(민간분양 130% 이하)여야 합니다. 근로자는 근로 소득을, 자영업자는 5년 이상 소득세 납부 내역을 증빙할 수 있어야 합니다. 공공주택 기준 자산보유 기준도 충족해야 합니다. 위 조건에 모두 해당할 때 생애최초 특별공급에 지원할 수 있습니다. 당첨자를 선정할 때 경쟁이 있는 경우에는 추첨을 합니다.

생애최초 특별공급 소득 기준액

2022년 기준

구분	공공주택	민영주택
3인 가족 이하	월 소득액 620만 원 이하	월 소득액 807만 원 이하
4인 가족 이하	월 소득액 720만 원 이하	월 소득액 936만 원 이하

중소기업 특별공급

마지막으로 많은 분들이 활용할 수 있는 특별공급이지만 많이 알려지지 않은 것이 중소기업 특별공급입니다. 기관 추천 특별공급 종류 중 하나로 중소기업청이 정한 우선순위에 따라 주택을 공급합니다.  부동산업, 유흥주점업 등 일부 업종을 제외한 중소기업에 이직을 포함해 5년 이상 근무하거나 한 기업에 3년 이상 근무한 무주택 세대 구성원이 그 대상입니다.

중소기업 특별공급을 놓치는 이유는 잘 알려지지 않기도 했지만 중소기업 특공 물량이 나오는 아파트 모집공고를 별도 사이트를 통해 확인해야 하기 때문에 그렇습니다. 접수기간도 짧은 편이라 모니터링 하더라도 놓치곤 합니다. 중소기업 특공 정보는 중소기업인력지원사업 종합관리시스템 사이트에서 주택특별공급 모집공고를 확인해야 하며 원하는 아파트가 있을 때 별도 지원해야 합니다(https://sanhakin.mss.go.kr/ 중소기업인력지원사업 종합관리시스템 - 주택특별공급 사업공고 확인).

당첨자는 가점 방식으로 선정합니다. 그 기준은 다음의 표와 같

중소기업 재직자 특별공급 조건

항목	배점	산정 근거 및 점수
중소기업 재직 기간	60	현 직장 재직 기간: 1년마다 3점 이전 직장 재직 기간: 1년마다 2점
제조 소기업 재직	5	'중소기업기본법' 제2조 2항에 따른 소기업 중 제조업 영위 기업
수상경력	5	훈·포장: 5점 대통령·총리: 4점 장관(청장)·광역자치단체장: 3점 기초자치단체장, 정부투자기관장 표창 또는 상장: 2점
기술·기능인력	10	연구전담요원으로 재직 중인 근로자: 10점(서울, 인천, 경기 제외) 대한민국 명장·숙련기술 전수자: 5점 우수 숙련기술자: 3점
자격증 보유	5	기술사 또는 기능장: 5점 기사 또는 산업기사: 4점 기능사: 3점
뿌리산업 재직	5	뿌리산업 업종 영위 중소기업: 5점
미성년 자녀 (태아 포함)	5	자녀 수 1명: 1점 자녀 수 2명: 3점 자녀 수 3명 이상: 5점
주택 건설지역 재직	5	주택 건설지역 소재 또는 주택의 건설 위치에서 반경 6km 이내 소재 기업 재직: 5점
합계	100	

습니다. 재직 기간에 가장 큰 점수가 부여되는데 현 직장은 1년에 3점씩, 이전 직장은 1년에 2점씩입니다.

한 직장에서 20년 근무한 경우 60점을 받습니다. 중소기업기본 법상 제조업 기업 중 3년 평균매출액이 80억 원~120억 원 이하이 고 자산총액 5천억 원 미만인 제조 소기업이면 5점 가산점이 있습 니다. 그 외 수상경력이나 기술·기능인력, 자격증에도 가산점이 있 으며 미성년 자녀나 주택이 건설되는 지역 소재 기업의 경우에도 추가 점수를 받을 수 있습니다. 중소기업에 오래 재직하며 가정을 꾸려온 경우라면 중소기업 특별공급에서 경쟁력이 있으니 꼭 확인 해보시기 바랍니다.

특공은 중복 당첨되면 무효, 한 세대에 한 명만 지원할 것

특별공급에 지원할 때는 중복 청약에 유의해야 합니다. 무주택 세대 구성원이라면 누구나 특별공급을 신청할 수 있지만 한 세대 에서 중복 당첨된 경우 모두 무효처리 됩니다. 따라서 한 세대에서 한 명만 지원하도록 합니다. 특별공급과 일반공급에 각각 지원한 경우에는 특별공급 당첨 시 일반청약은 무효 처리됩니다.

특별공급 조건을 갖춘 세대라면 특별공급과 일반공급으로 두 번의 기회가 있기 때문에 청약에서 더 유리한 게 사실입니다. 신혼부부, 다자녀, 노부모 부양, 생애최초, 중소기업 특별공급 등 자신의 상황에 맞는 특별공급을 찾아 가족 구성원과 소득 기준 등을 맞춰 좋은 청약 기회를 잡길 바랍니다.

내가 사는 지역에서 누리는 큰 혜택,
당해

경기도 성남시에 사는 사람이 서울에 청약을 넣어 당첨될 확률은 얼마나 될까요? 정답은 0퍼센트입니다. 가능성이 없습니다. 아파트 청약에는 해당 지역 거주 요건이 있기 때문입니다. 아파트 청약을 모집하는 지역 거주자에 해당해야 합니다. 이를 줄여 '당해'라고 표현합니다. 당해 여부가 청약 당첨에서 굉장히 중요합니다.

2018년부터 과천으로 이주하는 사람들이 증가했습니다. 과천시에서 진행해온 지식정보타운 도시개발사업이 본격적인 착공에 들어갔기 때문입니다. 과천이라는 노른자위 땅에 새 아파트 물량이 쏟아져나올 예정이라고 하니 청약을 목표로 해당 지역 우선공급, 즉 당해 자격을 얻으려 한 것입니다. 그래서 과천의 전세가가 치솟기도 했습니다.

사실상 강남권이라고 불리는 과천시는 다른 지역에 비해 인구수가 적어 당해라면 청약 당첨 확률이 상대적으로 높은 지역입니다. 이 사실을 파악한 사람들이 과천으로 몰려든 탓에 전세가 치솟기도 했습니다. 이렇게 이사를 가게 만들 만큼 청약에서 해당 지역 거주 요건은 중요한 요소입니다. 민간분양이든 공공분양이든 아파트가 분양하는 지역 거주자를 우선하기 때문에 1순위 청약 요건을 갖추고 있다면 내가 사는 지역 아파트 청약부터 관심을 기울여야 합니다.

지역에 따라 당해 요건에 '기간'이라는 제한을 덧붙이기도 합니다. 청약 경쟁률이 높은 지역일수록 요건을 강화하는 것입니다. 투기과열지구 및 투기지역은 2년 이상 거주자를, 조정대상지역에서는 1년 이상 거주자를 우선합니다. 비규제지역에서는 지역 거주자를 우선하는 것은 같지만 지자체 결정에 따라 거주 기간에 제한을 둘 수도 있고 두지 않을 수도 있습니다.

그러므로 분양 아파트 입주자 모집공고를 볼 때 특히 청약 요건은 한 글자 한 글자 꼼꼼하게 확인해야 합니다. 입주자 모집공고일 '현재' 지역 거주자를 우선한다고 적혀 있으면 기간의 제한을 두지 않고 현시점을 기준으로 한다는 것입니다. 이는 공고일 시점에 해당 지역 주소지에 있는 사람은 모두 청약이 가능하다는 의미입니다. 이러한 거주 제한의 유무로 청약을 위한 불법 전입이 이슈가 되기도 했습니다.

안양시 동안구는 2018년 8월 28일을 기준으로 조정대상지역으로 지정되었습니다. 그러나 안양시 동안구에서 분양한 평촌 어바인퍼스트의 입주자 모집공고일은 2018년 5월 24일입니다 안양시 동안구가 조정대상지역으로 지정되기 전이었습니다. 당시 입주자 모집공고를 보면 거주 기간 제한이 없는 안양시 거주자 우선 당해 요건을 확인할 수 있습니다.

평촌은 생활에 편리한 시설과 교통 등을 모두 갖추었지만 다른 1기 신도시와 마찬가지로 노후한 아파트가 많아 신축 아파트 공급이 각광받는 지역입니다. 이러한 상황에서 약 4천 세대 매머드급 신축 아파트가 공급되었으니 얼마나 많은 주목을 받았을까요. 분양하기도 전에 예상 프리미엄이 이슈가 되었습니다.

거주 기간에 제한 없이 안양시 거주자라면 누구나 청약을 넣을 수 있는 인기 있는 브랜드 대단지 아파트. 어떤 일이 일어났을까요? 주소지만 있으면 추첨 기회를 엿볼 수 있으니 안양시로 불법 전입이 늘어났습니다. 그 결과 평촌 어바인퍼스트 1순위 청약 경쟁률은 최고 49 대 1을 기록했고 이러한 높은 경쟁률은 안양시 동안구가 조정대상지역으로 지정된 이유 중 하나가 되었습니다. 이후 청약 당첨자 전수조사를 통해 위장 전입, 서류 위조, 청약통장 매매 등 청약 불법행위 193건이 적발되었습니다. 이는 당시 수사 대상 단지 중 최다 건수였습니다. 이렇듯 예상치 못한 문제를 예방하기 위해서라도 인기 있는 지역은 당해 요건을 강화할 수밖에 없습니다.

많은 사람들이
공공택지지구에 열광하는 이유

지역 거주자를 우선하는 당해 요건이 독특한 경우도 있습니다. 주로 택지지구 분양에서 볼 수 있습니다. 택지 개발사업은 도시 지역의 주택난을 해소하고 국민의 주거 안정을 위해 주택 건설 가능 지역을 대량으로 취득해 저렴한 가격으로 택지를 개발, 공급하는 사업입니다.

택지지구 분양에서는 지역 거주자를 우선하는 당해 요건에 추가 요소가 있습니다. 인근 지역 거주자까지 범위를 확대해 청약을 넣을 수 있는 혜택을 주는 것입니다. 예를 들어 인천 송도신도시는 경제자유구역 대규모 택지지구이므로 아파트 청약 시 인천광역시 거주자를 50%, 서울 및 경기도 수도권 거주자를 50% 우선한다는 내용을 입주자 모집공고에서 확인할 수 있습니다.

수도권 택지지구라면 당해 30%, 경기도 20%, 서울 및 그 외 수도권 50%의 비율로 당첨 기회가 주어집니다. 대표적인 공공택지지구인 과천지식정보타운 청약에서는 과천시 2년 이상 거주자에 30%, 경기도 2년 이상 거주자에 20%, 그 외 서울 및 인천광역시 등 수도권 거주자에 50% 비율이 할당됩니다.

퍼센트만 보면 과천시 2년 이상 거주자에게 30% 물량밖에 공급하지 않으니 오히려 해당 지역 거주자가 역차별 받는 것 같다는 생각이 듭니다. 하지만 이는 오해입니다. 과천 시민은 2년 이상 거주자일 경우 30%의 당해 공급물량에 도전할 기회를 얻습니다. 만일 여기서 떨어질 경우 다시 경기도 2년 이상 거주자로서 20% 당첨자를 뽑는 경쟁의 대상이 됩니다. 이마저도 떨어지면 마지막으로 수도권 거주자로서 50% 비율에 기대를 품어볼 수 있습니다.

즉 수도권 택지지구에 청약하면 100% 당해 우선인 일반 청약보다 경쟁 대상은 훨씬 많아지지만, 당해 요건을 갖추면 30%, 20%, 50%의 비율로 세 번의 기회가 주어진다는 점에서 당첨 확률이 더

높습니다.

여기서 한 가지 힌트가 보입니다. 반드시 아파트를 분양하는 해당 지역 거주 요건을 갖추지 않더라도 택지지구 분양에서는 기회를 찾을 수 있다는 사실입니다. 일반적으로 직장이 서울에 있는 사람들은 단독 세대이든 신혼부부이든 서울 인근에서 전세로 시작하는 경우가 많습니다. 그런데 서울에서는 젊은 세대가 청약 당첨 기회를 잡기 힘듭니다. 서울은 전체가 투기과열지역으로 선호도가 높은 85m² 이하 아파트는 100% 가점제로 뽑는데 부양가족이 많지 않고 무주택 기간이 짧으니 당첨 가능성이 거의 없습니다.

신혼부부 특공은 자녀가 있어야 유리하고 맞벌이 세대는 소득 기준을 넘는 경우가 많아 또 어려움이 있습니다. 그럴 때 역시 청약은 안 되는구나 하고 포기할 게 아니라, 인근 신도시 등 택지지구로 눈을 돌려야 합니다. 서울 시민에게도 50% 비율로 기회가 주어지기 때문입니다.

청약에서 해당 지역 거주 요건은 중요한 요소입니다. 1순위 청약 요건을 갖췄다면 내가 사는 지역에 어떤 청약이 있을지 항상 주의를 기울여야 합니다. 만약 내가 사는 지역에 넣어볼 만한 청약이 없거나 당첨 확률이 현저히 떨어진다면, 인근 지역까지도 범위를 확대해 가능성을 찾아야 합니다.

공공택지지구 분양에 관한 오해

수도권 공공택지지구에는 대표적으로 2, 3기 신도시인 위례, 미사, 감일, 과천 등이 있습니다. 한 번쯤 청약을 넣어봤거나 로또 청약이라는 수식어가 달린 뉴스로 접해봤을 곳들입니다. 그런데 많은 사람들이 제대로 알지 못해 오해하는 사실이 하나 있습니다. 공공택지지구에서 하는 분양은 모두 공공분양이라고 생각하는 것입니다. '나는 1주택자라 청약 못 하겠네' 또는 '청약통장을 꾸준히 납입해오지도 않았고 총액도 낮으니 1순위 경쟁이 안 되겠네'라고 지레 짐작하고 맙니다.

그렇다면 공공택지지구 개념부터 살펴보겠습니다. 공공택지지구란 LH, 지자체 등 공공기관에서 도로, 상하수도 등 기반시설을 갖춘 주택용지를 조성해 건설업체 등에 분양하는 일정 구역을 말합니다. 간접시설이 이미 조성되어 있어 민간택지보다 주택 건설이 훨씬 수월해 건설업체들은 입지 좋은 곳을 분양받기 위해 경쟁합니다. 즉 공공기관에서 주택 건설 기반이 되는 택지를 조성하면 그 택지에 아파트를 짓는 주체는 공공기관이 될 수도 있고, 입찰 경쟁 등을 통해 결정된 민간 업체가 될 수도 있습니다.

공공택지지구에서 이루어지는 분양이 공공인지 민간인지는 시행사를 보면 알 수 있지만, 전용면적 85㎡ 초과 물량으로 확인할 수 있습니다. 공공분양은 국민주택 규모인 85㎡ 이하로 공급되기 때문입니다. 다만 민간분양은 85㎡를 초과하는 아파트를 공급할 수 있지만 하지 않을 수도 있으므로 85㎡ 초과 물량이 없다고 해서 반드시 공공분양으로 확신해선 안 됩니다. 그래도 85㎡ 초과 물량이 있다면 확실히 민간분양이라고 판단할 수 있습니다. 다음 장의 공공택지지구인 과천지식정보타운의 분양 내용을 보면 민간분양과 공공분양이 함께 있는 것을 볼 수 있습니다.

이렇게 공공택지지구 청약에서는 본인의 자격 요건에 따라 공

공공택지지구인 과천지식정보타운 블록별 분양 내용

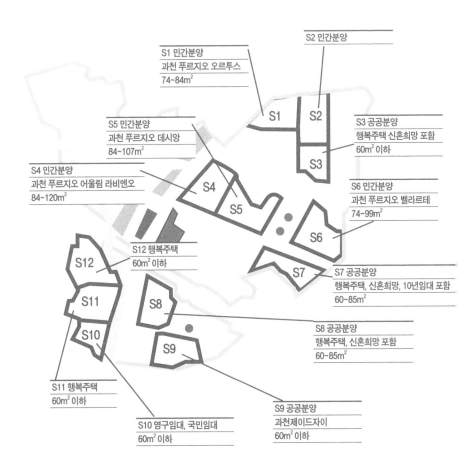

S2 민간분양

S1 민간분양
과천 푸르지오 오르투스
74~84m²

S5 민간분양
과천 푸르지오 데시앙
84~107m²

S4 민간분양
과천 푸르지오 어울림 라비엔오
84~120m²

S3 공공분양
행복주택 신혼희망 포함
60m² 이하

S6 민간분양
과천 푸르지오 벨라르테
74~99m²

S12 행복주택
60m² 이하

S7 공공분양
행복주택, 신혼희망, 10년임대 포함
60~85m²

S8 공공분양
행복주택, 신혼희망 포함
60~85m²

S11 행복주택
60m² 이하

S10 영구임대, 국민임대
60m² 이하

S9 공공분양
과천제이드자이
60m² 이하

S1 S2 S3 S4 S5 S6 S7 S8 S9 S10 S11 S12

공분양과 민간분양을 선택해 넣을 수 있습니다. 그 대상 또한 인근 지역 거주자로 확대되어 있다는 장점이 있습니다. 이제 공공택지지구 분양은 무조건 공공분양이라고 오해하거나 청약 기준이 까다로울 거라는 생각은 버리고 숨은 기회를 찾길 바랍니다.

그럼 공공택지지구 분양의 1순위 청약 기준은 무엇일까요? 1순위 청약요건은 어느 아파트나 동일한 것으로, 택지지구 또한 크게 다르지 않습니다. 공공택지지구에서 분양하더라도 민간분양이라면 앞에서 살펴본 것과 같이 수도권 기준 청약통장 1년 이상 보유자가 1순위, 공공분양이라면 1년 이상 보유하고 12회 이상 납입한자가 1순위입니다. 공공택지지구가 투기과열지구 및 청약과열지역 등이라면 동일하게 청약통장 2년 보유 및 24회 이상 납입과 세대주 청약으로 강화된 기준이 적용됩니다.

공공택지지구의 특장점, 분양가상한제 적용

공공택지지구 분양이 민간택지 분양과 다른 점도 있습니다. 분양가상한제 적용과 진매제한 깅화입니다. 2019년 8월 부동산 내책 이후로는 투기과열지구의 민간택지까지 분양가상한제를 적용하고 있습니다. 로또 분양이라는 말이 나오는 이유도 바로 분양가상한제 때문입니다. 건설사 분양 이익을 일정 수준 이하로 제한을 두어 분양가가 일반 시세보다 저렴하게 책정되기 때문에 향후 시세 차익을 기대할 수 있습니다.

위례신도시 중흥S-클래스 38평은 분양가상한제를 적용해 7억 원 중반에 분양이 되었습니다. 분양 시점에 비슷한 입지 요건을 갖춘 아파트 시세는 약 12억 원 중반이었습니다. 분양가상한제는 실수요자가 시세보다 저렴하게 아파트를 공급받을 수 있다는 장점이 있지만, 반면에 이러한 시세 차익으로 엄청난 청약 경쟁률을 유발시키기도 합니다.

더 많은 사람들에게 살기 좋은 환경과 주택을 공급하기 위해 공공택지지구를 조성하고 더 많은 사람들이 공급받을 수 있도록 분양가상한제를 적용하는 만큼 투기 수요를 차단하기 위해 전매도 강화됩니다. 분양가상한제를 적용받는 주택의 전매제한 기간은 최대 10년입니다. 매매, 증여 등 소유권 이전이 최대 10년간 금지되기 때문에 시세 차익이 눈에 보이더라도 바로 이익을 실현할 수는 없습니다.

이러한 규제가 있음에도 불구하고 택지지구는 주거 환경을 중심에 두고 계획하고 조성되기 때문에 편리한 생활 인프라를 누릴 수 있어 언제나 관심의 대상입니다. 공공택지지구 안에서도 공공분양과 민간분양이 모두 나오니 개인 상황에 따라 요건에 맞는 청약을 넣을 수 있습니다. 더군다나 분양가상한제를 의무 적용하므로 앞으로 택지지구 분양은 기존의 다른 분양가가 시세보다 저렴하다는 점을 기억하고 좀 더 적극적으로 찾아보시기 바랍니다.

■ 신도시와 ○○지구의 차이점은? ■

정부는 2019년 5월, 3기 신도시를 추가로 발표하면서 기존 발표했던 '과천 신도시'를 '과천지구'로 수정했습니다. 두 단어 모두 계획적인 도시 개발로 주택을 공급하고 기반 시설을 확충하는 의미이지만 신도시는 면적이 330만㎡ 이상으로 개발되는 곳을 뜻합니다. 반면 지구는 330만㎡ 미만으로 개발되는 곳을 뜻합니다.

신도시는 국가가 계획적으로 도시가 아닌 곳을 개발해 주택을 공급하고 인구를 분산시키는 데 목적이 있습니다. 때문에 주거, 교통, 녹지, 교육, 편의시설 등이 최신식으로 설계돼 주거 환경이 월등히 좋습니다. 신도시인 세종특별자치시의 아파트에는 쓰레기 수거차가 다니지 않습니다. '크린넷'이라는 시스템으로 아파트에서 배출하는 쓰레기가 지하관으로 흡입되어 자동으로 중앙 쓰레기집하장으로 모이기 때문입니다. 신도시를 계획할 때부터 설계되어 세종시 전역에 쓰레기 전용 처리관이 매립돼 있습니다.

지구는 구도심의 기반시설을 바탕으로 개발을 진행합니다. 가끔 부동산에서 지구를 '미니신도시'라는 문구를 붙여 사람들을 현혹시키곤 하는데 속지 않길 바랍니다.

예전에 만든
청약통장을 가지고 있다면?

	주택청약종합저축	청약저축	청약예금	청약부금
가입대상	제한 없음	무주택자	만 19세 이상 개인	
대상주택	모든 주택	전용면적 85㎡ 이하 국민주택	모든 민영주택	전용면적 85㎡ 이하 민영주택
저축방법	월 2만 원~50만 원 이내 자유롭게 납입(일시 납입 가능)	월 2만 원~10만 원 이내 자유롭게 납입(월 일정액 납입)	200만 원~1,500만 원 범위 내 일시불 예치	월 5만 원~50만 원 이내 자유롭게 납입(월 일정액 납입)

　우리가 이 책에서 주로 이야기하는 청약통장은 주택청약종합저축을 말합니다. 2009년 5월부터 청약통장은 이 주택청약종합저축으로 통합되었습니다. 그러나 그 전에 청약통장을 만들었다면 청약예금이나 청약부금 통장을 가지고 있는 사람들도 있을 겁니다. 이러한 통장은 청약을 넣는 데 몇 가지 제한이 있습니다.

　청약저축통장은 국민주택 규모 이하 공공아파트 분양 또는 임대를 신청할 수 있는 통장입니다. 청약예금통장은 일정 금액을 정기예금으로 예치해 보유하는 통장으로 민간분양 청약만 넣을 수 있습니다. 청약부금통장은 예금과 달리 매달 납입금을 납부할 수 있지만 전용면적 85㎡ 이하의 민간분양 청약만 넣을 수 있습니다.

만약 청약저축통장을 보유하고 있는데 민간분양 청약을 넣길 원한다면 통장을 청약예금으로 전환할 수 있습니다. 청약통장 변경을 하기 위해서는 청약통장과 주민등록등본, 신분증과 도장을 챙겨 통장을 개설했던 은행에 방문해야 합니다. 입주자 모집 공고일 전에 변경하면 바로 청약 자격이 발생합니다. 혹은 청약부금을 넣고 있지만 면적 제한 없이 민간분양 청약을 넣고 싶을 때는 청약예금통장으로 전환할 수 있습니다.

다만 변경일로부터 1년의 유예기간이 있습니다. 따라서 전환 신청 후 1년 동안은 계속 청약부금통장으로 사용해야 합니다. 청약예금통장은 다른 통장으로 전환할 수 없으며 예치금 변경만 가능합니다. 현재 청약예금통장에 서울 지역 102㎡ 이하 기준 예치금인 600만 원이 들어 있는데 102㎡를 초과하는 주택에 청약 신청을 하고 싶다면 400만 원을 더 예치하여 1천만 원을 만들 수 있습니다. 다만 변경일로부터 3개월 동안 청약 제한을 받습니다.

주택청약종합저축은 이러한 단점을 보완한 만능통장으로 공공분양, 민간분양에 상관없이 모든 주택 분양에 넣을 수 있습니다.

만 34세 이하라면 청년우대형 주택청약종합저축도 고려해보시길 바랍니다. 이 저축의 장점은 높은 금리입니다. 가입기간에 따라 1개월 초과 1년 미만 시 2.5%, 1년 이상 2년 미만 시 3.0%, 2년 이상 10년 이내는 3.3%의 금리를 적용합니다. 10년을 초과하면 일반 청약통장처럼 1.8%가 적용됩니다. 가입 가능 기한은 2021년 12월까지로 한시적입니다.

일반 주택청약종합저축보다 혜택을 높인 버전이라고 생각하시면 좋습니다. 이자소득에 대한 비과세도 적용되며 소득공제도 가능합니다. 이미 주택청약저축에 가입했지만 만 34세 이하라면 청년우대형 주택청약종합저축으로 전환이 가능합니다.

청년우대형 주택청약종합저축

구분	조건
나이	· 만 19세 이상 만 34세 이하(기존에는 만 19세 이상~만 29세 이하였으나, 2019년 1월 2일부터 대상 연령 확대) · 병역 이행 기간 최대 6년 인정(병역증명서에 의한 병영 이행기간이 증명되는 경우 현재 연령에서 병역 이행 기간을 최대 6년까지 제하고 계산한 연령이 만 34세 이하인 사람 포함)
소득	연소득 3,000만 원 이하(직전년도 신고소득이 있는 자)
주택 소유 여부	무주택 세대주, 무주택이며 가입 후 3년 내 세대주 예정자, 무주택 세대의 세대원
가입 가능 기간	2018년 7월 31일 ~ 2021년 12월 31일

청약홈 즐겨찾기하고
실전 청약 넣기

아파트 청약을 하려면 반드시 청약홈 사이트를 통해야 합니다. 과거 '아파트투유'에서 신청하던 청약이 이제는 '청약홈'으로 바뀌었습니다. 한국감정원에서 운영하는 국내 청약 정보를 총망라하는 사이트입니다. 꼭 청약을 하지 않아도 청약 일정 정리부터 경쟁률 확인, 청약 연습 등이 가능하므로 즐겨찾기를 해 수시로 방문하는 것이 좋습니다.

공인인증서로 로그인만 하면 정보 검색부터 청약 접수까지 진행할 수 있습니다. 지금부터 활용하기 좋은 청약홈 기능 몇 가지를 소개해보겠습니다.

청약의 가장 빠른 정보는 청약홈에서

청약을 하려면 먼저 어느 곳에서 청약이 진행되는지 확인해봐야 합니다. 청약홈의 청약 캘린더를 이용하면 전국의 청약 예정지와 1순위 청약 예정일을 확인할 수 있습니다. 청약 일정, 타입, 분양가 등 기본적인 정보는 물론 입주자 모집공고문도 링크로 연결되어 편리합니다.

다만 청약홈에서는 기초적인 정보만 보여주기 때문에 관심지역의 청약 예정을 확인한 뒤에는 부동산 커뮤니티나 유튜브, 블로그, 해당 건설사 홈페이지를 방문해야 합니다. 아파트 입지와 미래 가치, 지역 특징 등 세부적인 정보를 파악하는 것입니다. 제가 운영하는 유튜브에서도 정기적으로 주요 분양 예정지를 소개하고 있으니 수시로 방문해보시기 바랍니다.

저 역시 시간이 날 때마다 청약홈에 들어가 청약 일정을 확인합

니다. 청약홈 캘린더와 신문을 통해 분양 예정 아파트정보를 찾은 다음 수도권 지역 중 선호도가 높은 예정지는 따로 검색합니다. 그리고 청약통장을 가입한 은행에서 제공하는 분양 예정 아파트 알림 서비스도 이용합니다.

관심 있는 청약의 A to Z를 볼 수 있는 것은 단연 입주자 모집공고문입니다. 전반적인 정보를 파악한 뒤에는 청약 경쟁률을 가늠하고 분위기를 파악하기 위해 부동산 및 청약 관련 커뮤니티를 살펴보는 것도 도움이 됩니다. 특별히 관심 있는 아파트 단지가 있다면 건설사 홈페이지에 관심 고객으로 등록해 새로운 소식이 있을 때마다 정보를 받아보는 것도 좋습니다.

청약홈에서 확인할 수 있는 정보들

청약홈에서 나의 청약 자격도 확인할 수 있습니다. 청약의 기초인 1순위 청약 자격 요건부터 세대가 청약 제한에 걸려있는지, 본인이 세대주인지 세대원인지, 소유 주택 현황과 청약통장 가입내역 등 내 정보이지만 정확한 확인이 필요한 정보를 조회해볼 수 있습니다. 조정대상지역 청약 1순위 자격은 청약통장 가입 2년 이상이며 지역 예치금을 보유한 세대주입니다. 세대주만 청약이 가능하기 때문에 본인의 세대주 여부를 조회해보고 앞으로 청약통장을 사용할 사람을 미리 세대주로 변경해두어야 합니다. 지역 내 아파트 분양이 언제 이루어지더라도 바로 청약을 신청할 수 있도록 말입니다.

이렇게 1순위 요건을 갖추고 청약을 넣더라도 세대가 재당첨 제한 기간을 적용받는다면 당첨이 되어도 부적격 대상으로 계약이 취소됩니다. 예를 들어 같은 세대를 구성하고 있는 아버지가 청약에 당첨된 사실이 있고 5년 내 아들이 또 다른 청약에 당첨되었다면 이 분양권은 재당첨 제한에 걸려 취소 대상입니다. 일반적으로 당첨되고도 계약을 하지 않고 넘어갔거나 중간에 전매를 해 더 이상 소유하고 있지 않은 경우에 당첨 사실을 쉽게 잊어버리곤 합니다. 따라서 청약홈에서 재당첨 제한 내역을 조회하면 언제까지 제한이 걸려 있는지 정확한 날짜를 확인할 수 있습니다.

가점제 청약을 준비하고 있다면 청약통장 가입 기간도 점수에 포함되므로 확실하게 검토해야 합니다. 청약통장 가입 기간에 따른 점수는 6개월 미만 1점부터 15년 이상 17점까지 입니다. 단 1점이 청약 낭첨과 탈락을 결정하기도 하니 정확한 기간을 확인한 후 점수를 매겨보시기 바랍니다.

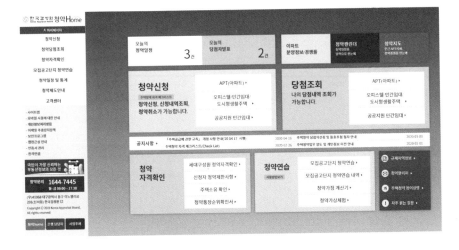

청약홈 홈페이지(www.applyhome.co.kr).
청약 신청은 물론 분양정보, 청약 일정 등 청약에 관한 모든 정보가 망라돼 있습니다. 청약가점 계산
기를 통해 나의 가점은 얼마인지 확인할 수 있으며 청약 신청 전 모의 청약연습도 할 수 있습니다.

청약 당일 실수하면 안 되니까, 청약 신청 연습해보기

청약에서 가장 중요한 과정은 실제로 청약을 접수하는 일입니
다. 원하는 아파트 분양이 시작되어 1순위 청약일이 되면 청약홈
에 방문해 청약 신청을 합니다. 일반적으로 1순위 청약일은 하루
만 주어지기 때문에 미리 정보를 점검해두어야 합니다. 당일에 무
언가를 바꾸고 신청하기에는 시간이 촉박합니다. 또 청약을 한 번

도 넣어본 적이 없다면 청약홈의 청약 연습 서비스를 이용할 수 있습니다. 혹시 모를 실수나 체크하기 어려운 정보를 미리 경험할 수 있습니다.

사실 청약 신청 순서는 정보 체크 후 페이지를 넘기는 방식으로 복잡하지 않습니다. 그러나 가상으로 청약을 넣어보는 연습을 미리 해보면 실제 청약에서는 그 과정이 더욱 수월합니다.

청약 전 미리 준비해두면 좋은 것들

일반공급을 신청할 때 청약 시점에 필요한 서류는 없습니다. 청약 1순위 요건만 잘 준비되어 있다면 당첨 후에 계약 서류를 준비하면 됩니다. 그래도 미리 준비해두고 싶다면 계약금 등 비용을 치를 통장의 이체 한도를 늘려두고 인감도장을 등록해두는 정도면 충분합니다.

부동산 거래를 자주 하지 않았다면 수천만 원 단위의 금액을 이체할 일이 별로 없습니다. 그러다 보니 이체 한도를 신경 쓰지 않고 있다가 막상 이제 낭일에 부랴부랴 은행을 찾아 한도를 늘리곤 합니다. 미리 한도를 늘려두면 시간을 절약할 수 있습니다. 또한 계약을 진행할 때는 인감증명서가 필요합니다. 인감도장을 등록

하지 않았다면 도장을 가지고 주민센터를 찾아가 인감증명서를 여러 장 발급받아둘 것을 권유합니다. 인감도장 신규 등록은 거주지 주민센터에서만 가능하므로 미리 준비하기 바랍니다.

특별공급은 경우에 따라 자격을 증빙할 수 있는 서류가 필요합니다. 근로소득 증빙, 혼인관계, 임신진단서, 장애등급 등 별도로 요구하는 제출 서류가 있으니 미리 파악해두는 것이 좋습니다.

이렇게 청약홈을 방문해 자신이 신청할 공급유형에 따른 청약 자격을 점검해두면 실제로 청약을 넣을 때 당황하지 않고 차분히 웃으면서 청약 신청을 마칠 수 있습니다.

청약 통장, 아껴 쓰세요

우리 부부가 운영하는 유튜브 채널에 이런 문의가 자주 올라옵니다. 어쩌다 청약 넣어봤는데 당첨이 되어서요. 포기해도 될까요? 포기하면 어떻게 되나요? 계약 포기해도 다음에 다른 청약 넣을 수 있나요? 같은 질문들입니다.

그중 신혼부부 특공을 넣어 당첨이 되었는데 포기해야 한다는 내용이 가장 안타까웠습니다. 될 줄 모르고 넣었는데 계약금도 없고 중도금 대출도 부담이라는 이유였습니다. 이럴 경우에는 청약을 넣으면 안 됩니다. 더군다나 특공을 쓰다니요. 특공은 한 번 당첨된 세대는 다시 사용할 수 없기 때문에 꼭 당첨되고 싶은 곳에 신중하게 넣어야 합니다.

당첨되면 돈을 벌 수 있다고 해서 넣었는데 당장 계약금이 들어가야 하는 줄 모르는 경우도 있었습니다. 보통 계약금은 분양가의 10%~20% 정도입니다. 분양가가 7억 원인 아파트에 최소 7천만 원은 현금으로 마련해놓았어야 계약금을 치를 수 있습니다.

최근에는 중도금대출 규제도 강화되어 투기과열지구 등에서는 중도금 대출이 40%밖에 나오지 않습니다. 이런 경우라면 계약금 10%와 더불어 중도금 20% 또한 현금으로 납부할 여력이 있어야 합니다. 분양가가 7억 원이라면 현금으로 대략 2억 1천만 원 정도를 융통할 수 있는지 따져보고 청약을 넣어야 합니다.

당장 살고 있는 전셋집을 빼서 계약금을 낼 수도 없고 당첨될 거라고는 생각하지 않고 경험 삼아 넣어본 것이 큰 기회를 날리고 말았습니다. 실거주가 목적도 아니고 투자 준비도 제대로 되어있지 않은 상태로 분위기에 편승해 청약을 넣어 손해를 본 경우입니다.

당첨된 청약을 취소하면 5년간 청약이 제한됩니다. 3기 신도시와 여러 개발지역이 추가로 지정되면서 앞으로도 좋은 아파트들이 분양될 예정인데 신중하지 못한 행동으로 생에 몇 번 안 되는 좋은 기회를 잃지 않길 바랍니다.

사실 어떻게든 계약금을 마련해 끝까지 들고 가다가 입주 때 세를 주더라도 계약은 포기하지 않는 게 좋습니다. 한 번만 사용할 수 있는 특공 당첨은 그냥 날리기보다 어떻게든 보유해서 조금이나마 이익을 얻거나 입주할 수 있게끔 준비해보는 게 최선입니다.

청약으로 우리는 아파트 한 채를 갖게 됩니다. 입주를 하든 임대인이 되든 매도를 하든 그 선택은 자유이지만, 책임질 수 있는 능력은 갖추고 있어야 합니다. 그런 의미에서 좋은 아파트란 내가 온전히 책임질 수 있는 아파트이기도 합니다.

자신만의 기준으로 지역과 아파트를 정했다면 그 다음으로는 그 아파트를 온전히 내 소유로 만드는 과정을 모두 감당할 수 있는지 따져봐야 합니다. 선택에 후회가 없을 지역이며 아파트 소유자로서 자유롭게 컨트롤할 수 있을 때 비로소 진짜 내 집이 되기 때문입니다. 남들이 보기에 못난이 아파트라도 내 것이 되는 순간 애착이 생기는 법이고, 누구나 선망하는 아파트라도 내가 좌지우지할 수 없는 규모라면 있어도 부담스러운 골치덩어리입니다.

줍줍이 난리라던데?
무순위 청약의 장점

아무 조건도 필요 없는 청약이 있다? 심지어 청약통장도 필요 없는 청약이라면 바로 무순위 청약입니다. 무순위 청약은 아파트 청약 후 미분양 또는 미계약분에 대해 다시 청약을 하는 것입니다. 과거에는 이러한 잔여 물량을 모델하우스 등 오프라인 현장에서 무작위 추첨으로 뽑았기 때문에 반드시 방문해야 했습니다. 그러던 것이 요즘은 온라인으로 신청을 받으면서 더욱 많은 사람들의 관심을 받고 있습니다.

2020년 2월 실시한 수원 힐스테이트 푸르지오 무순위 청약 경쟁률은 무려 평균 1,618 대 1이었습니다. 하루 종일 실시간 검색어에 힐스테이트 푸르지오 수원이 올라와 있을 정도로 엄청난 이목을 끌었던 무순위 청약 단지 중 하나입니다. 무순위 청약 접수를 받는 동안 서버가 마비되어 마감시간을 연장했음에도 결국 접수를 못한 사람도 많았습니다. 그뿐 아닙니다. 부평 두산위브 더파크 무순위 청약 경쟁률은 최고 1만 1,907 대 1로 잔여물량 4가구에 4만 8천여 명이 접수했고, 안양 만안구 아르테자이는 평균 경쟁률 4,191 대 1을 기록했습니다.

이렇게 무순위 청약에 사람들이 몰리는 이유는 이름 그대로 순위에 상관없는 청약이기 때문입니다. 일반적으로 청약을 넣을 때는 1순위 청약 조건을 갖춰야 당첨 기회가 주어집니다. 그러나 무순위 청약은 주택 수, 청약통장 여부에 상관없이 만19세 이상이면 누구나 신청할 수 있습니다.

청약통장을 사용하지 않기 때문에 청약통장 가입 기간이나 예치금 등을 충족하지 못하거나 당첨 내역이 있어도 아파트를 분양받을 수 있습니다. 다르게 말하면, 기존의 내 청약통장은 그대로 유지하면서 분양받을 수 있다는 뜻입니다. 그래서 누구나 남은 물량을 주워 갈 수 있다고 해서 '줍줍'이라고 표현하기도 합니다.

특히 역대급 경쟁률을 기록한 앞의 아파트들은 청약 당시 비규제지역이거나 비청약과열지역이었다는 공통점이 있습니다. 비규제지역 및 비청약과열지역 분양권은 전매기한이 짧고 중도금 대출 규제가 조정대상지역에 비해 적어 상대적으로 가볍게 접근할 수 있습니다. 부동산 대책으로 다주택자의 청약 규제가 심해지자 접근하기 쉬운 무순위 청약으로의 쏠림 현상이 더 심해지고 있다는 평가입니다.

줍줍은 주택 수로 계산되지 않는다고?

참고로 최근에는 분양권도 주택 수에 포함시킵니다. 그런데 무순위 청약으로 아파트 분양계약을 체결하면 주택 수에 포함될 수도 있고 그렇지 않을 수도 있습니다. 청약이 2순위까지 진행되었지만 결국 미분양되어 무순위 청약이 진행된 경우, 그 당첨자의 분양권은 주택 수로 계산되지 않습니다.

애초에 미분양으로 덩그러니 남을 수 있었던 물량을 가져갔기에 혜택을 주는 거라 생각하면 이해가 쉽습니다. 그러나 해당 아파트 당첨자가 계약을 포기한 미계약 물량을 무순위 청약으로 공급받은 때에는 주택으로 간주합니다. 당첨은 되었으나 부적격, 계약 포기 등으로 인한 미계약 물량에 무순위 청약을 넣어 당첨되면 이는 주택 수로 산정하는 것입니다. 분양권을 투자 목적으로 접근한다면 이 차이점은 알아두는 게 좋습니다. 무순위 청약으로 미분양 물량을 받은 경우, 그 분양권은 주택 수로 간주하지 않으므로 또 다른 청약을 노려볼 수 있고, 기존 주택이 있다면 양도세 계산 등에서의 이점이 있으므로 유용하게 활용할 수 있습니다.

내가 살고 싶은 지역,
어떻게 정할까

　그렇다면 어느 지역에 있는 집을 사는 게 좋을까요? 살기 좋은 곳이면 어디든 상관없다고 생각하시나요? 저는 그렇게 생각하지 않습니다. 현금 자산이 차고 넘쳐 말그대로 어디든 원하는 곳의 집을 매수할 수 있는 경우가 아니라면 여러 가능성을 놓고 전략적으로 생각해봐야 합니다.

　주택 매수의 목적이 명확하게 내 집 마련이라서 오래 살 생각으로 1주택 이상은 고려하지 않고 있다면, 라이프스타일에 맞고 입지가 좋은 한 곳을 신중히 선택하면 됩니다. 그럴 때는 조정대상지역이 그 기준이 될 수도 있습니다. 어떤 이유이든 주택을 매수할 때는 언젠가 매도하는 상황도 고려하게 됩니다. 이왕이면 시세가 오르길 바랍니다. 조정대상지역은 시장이 과열될 정도로 수요가 풍부한 곳이라는 걸 입증받은 셈이기 때문에 매도 시기에 받쳐줄 수요가 없을까 봐 걱정하지 않아도 됩니다. 또 그만큼 수요가 있다는 건 입지가 좋거나 호재가 많은 경우가 대부분이라 주거지로 좋은 선택지가 될 수 있습니다.

전월세로 무주택을 유지하면서 청약으로 신축 아파트 입주를 계획한다면, 청약에 초점을 맞춰 거주지를 결정해야 합니다. 가점이 높지 않다면 추첨제 비율이 높은 비규제지역을 선택해 청약을 넣는 게 좋습니다. 그 반대의 경우라면 높은 가점을 최대한 활용할 수 있는 지역을 잘 골라내야 합니다. 내가 거주하는 지역이 규제지역인지 여부는 주택 매수, 매도 및 청약 모두에 영향을 미치기 때문에 살고 있는 지역은 중요합니다. 규제지역 여부에 따라 어떤 차이가 있는지는 뒤에서 더 자세히 이야기하겠습니다.

지인에게 아찔한 상황이 있었습니다. 편의상 지인을 A라고 하겠습니다. A는 조정대상지역인 분당에 자가로 거주하며 투자 목적으로 조정대상지역인 하남에 중도금 대출을 실행한 분양권 하나를 가지고 있었습니다. 여기에 계약 당시 비규제지역이었던 의왕에 재건축 입주권도 보유하고 있었습니다. 이후 의왕 재건축이 진행되면서 조합원 분양신청이 가까워질 무렵 의왕이 조정대상지역으로 묶일 수 있다는 소문이 돌기 시작했습니다. 만약 의왕이 조정대상지역이 된다면 A는 분양신청을 하더라도 조합원 중도금 대출을 받을 수 없게 됩니다. 조합원 중도금 대출은 주택 권리가를 담보로 받는 담보대출과 같기 때문에 조정대상지역 1주택자인 A는 기존 주택을 2년 내 처분하는 조건으로 또다른 담보대출을 실행할 수 있기 때문입니다.

대출 때문에 당장 거주하는 주택을 팔 수는 없는 노릇이라 A는 분양신청을 포기하고 현금청산을 해야 하는데 그러면 프리미엄을 받지 못하기에 투자 측면에서 손해가 컸습니다. 그렇다고 조합 일정을 마음대로 당겨서 진행할 수도 없어 발만 동동 구르는 처지가 되었습니다. 어쩔 수 없이 팔아야 하나, 단기간에 팔릴까 여러 고민을 하던 차에 다행히 조합 일정이 빠르게 추진되어 분양신청을 할 수 있었습니다. 이후 의왕은 예상대로 조정대상지역으로 묶였지만 소급 적용되지 않기 때문에 예상했던 위험은 피할 수 있었습니다.

집을 사는 가장 좋은 시기는 내가 준비된 때

우리 부부는 비규제지역에 오래된 작은 아파트 전세로 신혼을 시작했습니다. 살다 보니 동네가 너무 마음에 들고 역세권 소형이라면 투자 가치도 있을 것 같아 전셋집 앞집을 매수해 들어갔습니다. 우리가 집을 매수하면서까지 그 지역에 계속 살기로 한 건 비규제지역이었기 때문입니다. 앞으로 있을 청약 예정지에 추첨으로 넣어볼 계획이었습니다. 매매와 전세 갭이 80%에 육박해 매수 시점이 왔다는 판단도 한몫했습니다.

집에서 직장까지는 지하철로 한 시간이 좀 더 걸리는 거리로 그 사이에는 다른 많은 선택지가 있었지만 역이 가까우니 그 정도는 감당하기로 했습니다. 당시 우리가 세운 첫 목표는 매수한 아파트는 오랜 기간 월세를 주고 우리는 새 아파트로 가는 것이었습니다. 목표 달성을 위해 이곳저곳 청약을 많이 넣었고 주말에는 모델하우스 구경을 다니느라 바쁜 신혼을 보냈습니다.

번번이 청약에서 떨어져 좌절하던 무렵, 꼭 청약을 넣어보려 했던 인근 지역 재건축 정비사업지의 입주권을 사는 건 어떨까 하는 생각이 들었습니다. 어차피 넣어볼 청약인데 기왕 이렇게 된 바에는 아예 확실하게 분양받는 입주권을 미리 사는 게 현명한 방법인 것 같았습니다. 예상치 못한 목돈이 들어가긴 했지만 과감하게 결단을 내렸습니다. 지금 그때를 돌이키면 운이 좋았다고 말할 수 있지만 정작 당시에는 부동산에 관심을 기울이는 또래가 많지 않았고 오히려 우리의 결정을 무모하게 바라보기도 했습니다. 그래서 부동산 스터디도 열심히 나가고 집중해서 하나씩 정보를 찾아가며 공부했습니다.

참 신기하게도 번번이 떨어지던 아파트 청약도 당첨되었습니다. 욕심을 버려야 일이 된다더니 정말 그랬습니다. 물론 추첨 비율이 높고 경쟁률이 낮을 것 같았던 112 타입에 넣은 것이 신의 한 수이기도 했습니다. 당시 대세는 59 타입이었기에 아예 대형 평형으로 방향을 틀었습니다. 덕분에 그나마 낮은 경쟁률이라고 할 수 있는 13 대 1을 뚫고 당첨되었습니다. 59 타입 경쟁률이 130 대 1이었으니 작전 덕분에 경쟁률을 크게 줄인 셈입니다. 이렇게 1년 새 거주 주택과 입주권, 분양권을 보유하게 되었습니다. 다행히 모두 비규제지역이었기 때문에 문제없이 중도금 대출 등을 받았습니다. 비규제지역은 전매제한 기한도 짧아 적절한 시기에 분양권을 전매했습니다. 그 수익으로 다른 투자를 시작했고 이후부터는 꾸준히 수익을 활용한 재투자를 이어오고 있습니다.

우리 부부가 직장과의 거리에만 초점을 맞춰 조정대상지역에서 신혼을 시작했다면 분양권, 입주권, 부동산 매매, 임대차 등을 짧은 시간에 모두 겪어볼 기회를 얻지 못했을 것입니다. 물론 많은 사람들이 말하는 것처럼 그때 무리해서라도 서울에 집을 샀더라면 하는 후회 아닌 후회가 없는 것은 아닙니다. 그래도 남들보다 조금 빨리 부동산의 다양한 분야를 경험하면서 배운 것들이 있어 이렇게 책을 통해 여러분과도 만날 수 있게 되었으니 여러모로 많은 도움이 되었다고 생각합니다.

물론 최근에는 수도권 대부분이 조정대상지역으로 묶여 자산이 많지 않은 신혼부부나 젊은 세대가 부동산으로 재테크를 시작하기에는 진입 장벽이 높아진 것이 사실입니다. 그렇지만 내 집 마련의 길까지 멀어진 건 아닙니다. 규제 지역이라고 해도 그 대상은 다주택자이기 때문에 무주택자라면 오히려 지금 더 많은 기회를 잡을 수 있습니다. 종합부동산세(종부세) 문제로 시장에 던져지듯 나오는 물건이나 무주택자에게 75% 우선 공급되는 청약 추첨 물량, 완화된 특별공급 기준, 무주택자 우대 대출, 적립식 주택 등 활용할 수 있는 방법들이 있습니다.

우리가 부동산에 관한 대화를 나눌 때 가장 많이 하는 말은 "그때 살 걸"입니다. 항상 지나간 그때가 부동산을 시작하기 가장 좋았던 때인 것 같습니다. 사실 내 집 마련을 하기 가장 좋은 시점이란 정해져 있는 것이 아니라 내가 준비된 바로 그때가 아닌가 합니다. 그때 집을 사지 못한 건 몰랐기 때문이고 준비되어 있지 않았기 때문입니다. 나의 관심 지역에 대해 미리 공부해두었고 준비가 된 상태였다면 그 기회를 그렇게 흘러 보내지 않았을 것입니다. 그러니 목표를 갖고 시작하기만 하면 언제든 나를 위한 기회가 오고 나에게 맞는 방법을 만들어 갈 수 있습니다.

제가 경험한 바로는 부동산은 자산을 안정적으로 늘릴 수 있는 수단인 동시에 삶에 대한 마음가짐도 변화시키는 존재였습니다. 내 집이 있을 때와 없을 때 세상을 바라보는 시선과 태도는 완전히 다릅니다. 내 것이 생겼다는 든든함에서 오는 여유도 느낄 수 있고 앞으로 더 열심히 공부해 자산을 늘려나가자는 열정도 생깁니다. 더욱이 이제 막 가정을 꾸려 나가는 신혼부부라면 꼭 관심을 가져야 할 분야가 바로 부동산입니다. 두 사람만의 목표를 만들어 내 집 마련의 기쁨을 함께하고 평수를 늘려가는 즐거움을 느끼며 차근차근 나아가시길 바랍니다.

조정대상지역에서
고려해야 할 것들

곧 전매가 풀리는 분양권 투자 기회가 생겼습니다. 호재가 많고 누가 봐도 괜찮은 입지라 상당한 시세 차익이 예상되는 곳입니다. 아파트 소재지는 성남시 수정구로 현재 조정대상지역입니다. A는 비규제지역 분양권을 하나 보유하고 있고 중도금 대출을 실행 중입니다.

A는 위 아파트 분양권을 매수할 수 있을까요? 정답은 '불가능하다'입니다. 조정대상지역 중도금 대출 제한 때문입니다. 조정대상

지역에서는 세대당 중도금 대출이 HUG(주택도시보증공사) 보증 기준 5억 원 이하인 한 건만 가능합니다. 그런데 A는 이미 중도금 대출 한 건을 실행하고 있기 때문에 조정대상지역에서 중도금 대출을 또 받을 수 없습니다. 반대로 전매가 풀리는 아파트가 비규제지역인 경기도 김포에 있고 A가 조정대상지역 분양권을 하나 보유하고 있다면 A는 분양권을 매수할 수 있을까요? 정답은 '딩동댕', 가능합니다. 비규제지역에서는 중도금 대출이 세대당 두 건까지 가능하기 때문입니다.

이번에는 또 다른 상황입니다. B는 조정대상지역에 주택 두 채를 보유하고 있습니다. C는 조정대상지역에 주택 한 채, 비규제지역에 주택 한 채를 보유하고 있습니다. 두 사람 모두 2주택자이며 각 주택의 취득 시기, 취득가액, 보유 기간, 가격 상승분, 필요경비가 모두 같습니다. B와 C가 사정이 생겨 주택 모두를 처분하려고 할 때, 이들이 내야 할 양도소득세는 같을까요? 아니면 차이가 있을까요?

결론부터 말하면 두 사람은 서로 다른 금액의 양도세 납부 고지서를 받게 됩니다. B는 두 채 중 어떤 것을 먼저 처분하더라도 먼저 처분하는 주택 양도세에 10%가 중과됩니다. 조정대상지역 내 2주택자와 3주택 이상자는 기본 양도세율에 각각 10%, 20%의 세율이 중과되기 때문입니다(2021년 6월 1일부터 각각 20%, 30%로 세율 인상 예정). 만약 B의 기본 양도세율이 35%라면 10%가 중과되어 45%를 적용해 양도소득세를 계산합니다. B와 달리 C는 조정대상지역 양도세 중과를 피할 수 있습니다. 그러려면 양도 계획을 잘 세워야 합니다. 비규제지역 주택 한 채를 일반과세로 먼저 처분하고 남은 조정대상지역 한 채를 1가구 1주택 비과세로 처분하는 게 합리적입니다.

이렇게 정부에서는 특정 지역을 조정대상지역으로 지정해 대출 및 세금 등에 규제를 두고 있습니다. 국토부장관은 주택가격, 청약경쟁률, 분양권 전매량, 주택보급률 등을 고려했을 때 주택 분양시장이 과열되어 있거나 과열될 우려가 있는 지역을 조정대상지역으로 지정할 수 있습니다. 3개월간 지역 주택가격상승률이 해당 시·도 소비자물가상승률의 1.3배를 초과한 지역 중 직전 2개월의 주택 청약 경쟁률이 5 대 1을 초과했거나 국민주택 규모 주택 청약 경쟁률이 10 대 1을 초과한 곳 또는 직전 월부터 소급한 3개월간 분양권 전매거래량이 전년 동기 대비 30% 이상 증가한 곳이 그 기준입니다.

투기과열지구·조정대상지역 지정 현황(2020. 12. 18. 발표)

	투기과열지구(49개)	조정대상지역(111개)
서울	전 지역	전 지역
경기	과천, 성남분당, 광명, 하남, 수원, 성남 수정, 안양, 안산 단원, 구리, 군포, 의왕, 용인수지·기흥, 동탄2	과천, 성남, 하남, 동탄2, 광명, 구리, 안양 동안, 광교지구, 수원 팔달, 수원 영통·권선·장안, 안양 만안, 의왕, 용인 수지·기흥, 고양, 남양주, 군포, 안성, 부천, 안산, 시흥, 용인 처인, 오산, 평택, 광주, 양주, 의정부, 김포, 파주
인천	연수, 남동, 서	중, 동, 미추홀, 연수, 남동, 부평, 계양, 서
부산	-	해운대, 수영, 동래, 연제, 남, 서, 동, 영도, 부산진, 금정, 북, 강서, 사상, 사하
대전	동, 중, 서, 유성	동, 중, 서, 유성, 대덕
대구	수성	수성, 중, 동, 서, 남, 북, 달서, 달성
광주	-	동, 서, 남, 북, 광산
세종	세종	세종
울산	-	중, 남
충북	-	청주
충남	-	천안동남, 서북, 공주, 논산
전북	-	전주완산, 덕진
전남	-	여수, 순천, 광양
경북	-	포항남, 경산
경남	창원의창	창원성산

조정대상지역으로 지정되면 달라지는 것

① 조정지역에 여러 채를 보유했다면 양도소득세 중과

보통 양도소득세는 1가구 1주택 및 일시적 2주택에 한해 비과세 혜택이 주어집니다. 1가구 1주택을 2년 이상 보유한 경우 양도소득세가 과세되지 않습니다. 1주택을 보유한 사람이 1년 후 새로운 주택을 취득했을 때 기존 주택을 2년 이상 보유하고 새로운 주택을 취득한 날로부터 3년 내 기존 주택을 처분하는 경우와 질병, 전근 등 사정에 따라 불가피하게 일시적 2주택이 된 경우에도 1가구 1주택과 같은 비과세 혜택을 줍니다.

그러나 조정대상지역 1주택자가 1년 후 조정대상지역의 신규 주택을 취득하는 경우에는 기존 주택을 2년 이상 보유 및 거주하고 신규 주택 취득일로부터 2년 내 기존 주택을 양도하는 게 좋습니다. 그래야 일시적 2주택 비과세 혜택을 받을 수 있습니다. 이는 2017년 8월 3일 이후 취득 주택부터 적용됩니다. 2019년 12월 17일 이후 취득분부터는 요건이 더욱 강화되어 신규 주택 취득일로부터 1년 내 기존 주택 양도 및 신규 주택 입주가 이루어져야 합니다.

또한 비과세 적용 대상이 아닌 조정대상지역 주택 보유 다주택자는 양도소득세 중과 대상입니다. 2주택자는 기본세율에 10%, 3

주택 이상 다주택자는 20%가 추가됩니다. 일반적으로 과세표준 3억 원 이하 구간이 적용되는 경우가 많다고 보면, 조정대상지역 다주택자는 양도소득세로 최대 58%가 적용됩니다. 그리고 2021년 6월 1일부터 각각 20%, 30%로 세율이 인상될 예정입니다.

양도소득세 과세표준 세율

과세	세율	조정대상지역	
		2주택자	다주택자
1,200만 원 이하	6%		
4,600만 원 이하	15%		
8,800만 원 이하	24%		
1.5억 원 이하	35%	+10%	+20%
3억 원 이하	38%		
5억 원 이하	40%		
5억 원 초과	42%		

② 대출받을 수 있는 금액이 줄어듭니다

조정대상지역의 주택담보대출 LTV는 50%입니다. 조정대상지역 중에서도 투기지역과 투기과열지구에서는 40%로 대출이 줄어듭니다. 또한 주택 가격이 9억 원을 초과하는 경우에는 조정대상지역에서는 9억 원 이하 금액에 50% + 9억 초과 금액에 30%를, 투기지역 및 투기과열지구에서는 각각 40%, 20%로 차등적용됩니다.

예를 들어 서울에서 10억 아파트의 담보대출을 받는다고 합시다. 9억 원의 40%인 3억 6천만 원에 1억 원의 20%인 2천만 원을 합해 대출 최대 한도는 3억 8천만 원입니다.

중도금 대출 역시 주택담보대출과 같은 LTV를 적용합니다. 비조정지역에서는 세대당 두 건의 중도금 대출을 받을 수 있지만, 조정대상지역에서는 세대당 한 건으로 제한됩니다. 또한 조정대상지역에서 주택담보대출 및 중도금대출을 받으면 6개월 내 반드시 전입을 해야 합니다. 특히 원금을 모두 갚더라도 거주 의무가 사라지지 않습니다. 때문에 입주 예정 시기에 실거주가 어렵거나 전세금으로 잔금을 해결하려는 계획이 있다면 중도금 대출은 받지 않으셔야 합니다.

③ 까다로운 자금조달계획서 제출

조정대상지역에서 금액에 상관 없이 주택을 매입할 때는 자금조달계획서를 제출해야 합니다(비규제지역은 6억 원 이상 주택 매입 시). 주택을 구입하기 위한 자금의 출처를 신고하는 서류입니다. 예금, 금융자산 매각금액, 증여 및 상속, 임대차보증금 또는 부동산 처분금액, 대출금액 등을 기록합니다. 투기과열지구에서는 자금조달계획서와 함께 소득금액증명원, 예금 잔고 등 추가 증빙자료도 제출해야 합니다. 이렇게 신고된 자료는 국토부가 관리하며 이상 거래가 발견되면 조사 대상이 됩니다.

④ 가점제 비율 확대 및 전매제한

청약에서도 일부 제한을 받게 됩니다. 우선 민간분양 청약에서 가점제와 추첨제 비율에 제한을 받습니다. 청약을 넣으려고 봤더니 가점제 100%로 진행한다고 해서 포기한 적이 있나요? 청약 점수도 낮은데 기회마저 없어 좌절을 경험했을 것입니다. 아파트 청약을 시행할 때 조정대상지역 등 규제지역에 따라 지켜야 할 가점제와 추첨제 비율이 정해져 있습니다. 가점제 100%로 진행하는 경우는 조정대상지역에서 전용면적 85㎡ 이하를 공급할 때입니다. 가점제와 추첨제 비율은 옆의 표와 같습니다.

조정대상지역의 분양 아파트 전용면적이 85㎡ 이하일 경우 75%는 가점제로 당첨자를 선정해야 합니다. 85㎡를 초과하는 경우는 가점제 30%를 적용합니다. 투기과열지구라면 그 기준이 더 강화되어 85㎡ 이하이면 100% 가점제로 뽑고, 85㎡ 초과이면 가점 50%, 추첨 50%의 비율을 적용합니다. 100채의 아파트를 공급한다

가점제와 추첨제 비율

주거전용면적	투기과열지구	청약과열지구	수도권 내 공공주택지구	85m² 초과 공공건설 임대주택	그 외 주택
85m² 이하	가점제 100%	가점제 75% 추첨제 25%	가점제 100%	-	가점제 40~0% 추첨제 60~100%
85m² 초과	가점제 50% 추첨제 50%	가점제 30% 추첨제 70%	가점제 50% 추첨제 50%	가점제 100%	추첨제 100%

면 그중 50채는 높은 가점 순으로 배정하고 나머지 50채는 추첨 형식으로 당첨자를 선정한다는 의미입니다.

비규제지역에서 85㎡ 이하는 가점제를 40% 이하 비율에서 지자체가 결정하고, 85㎡ 초과는 100% 추첨제로 진행할 수 있는 것과 크게 다릅니다. 위의 비율표를 보면 서울에서 점수가 낮은 신혼부부가 일반 청약에는 당첨될 수 없다는 걸 알 수 있습니다.

다음으로 전매제한이 강화됩니다. 비규제지역에서는 분양권 전매가 6개월로 짧은 반면, 조정대상지역에서는 소유권이전등기일까지 전매가 금지됩니다. 분양권을 사고 팔 수 없기 때문에 준공일까지 프리미엄 이익을 바로 실현할 수 없고 중간에 피치 못할 사정이 있더라도 계약금을 다시 회수하기 어렵습니다.

청약에 당첨되면 다시 청약 못 넣을까요?

청약에 당첨되면 재당첨 제한 대상자가 되어 또 다른 아파트 청약에 1순위로 넣지 못한다는 사실을 알고 있습니까? 일반적으로 아파트 청약 당첨자와 그 세대에 속한 모든 구성원은 5년간 1순위 청약이 금지됩니다. 그런데 아파트 재당첨 제한이 모든 아파트에 적용되는 건 아닙니다. 그 기간과 범위를 한번 살펴보겠습니다.

재당첨 제한 적용 기간

주택규모	수도권 과밀억제권역	그 외
전용면적 85㎡ 이하	당첨일로부터 5년	당첨일로부터 3년
전용면적 85㎡ 초과	당첨일로부터 3년	당첨일로부터 1년

표만 보면 무엇이든 일단 청약에 당첨되면 최대 5년의 재당첨 제한 대상이 된다는 생각이 듭니다. 그러나 재당첨 제한이 적용되는 범위가 지정되어 있습니다.

청약 재당첨 제한 적용 범위

과거 당첨주택	청약하려는 주택
분양가상한제 적용주택 5년, 10년 공공임대주택 이전기관 특별공급 투기과열지구 청약과열지구	공공분양, 투기과열지구 및 청약과열지구 민간분양

아파트 청약 재당첨 제한은 모든 아파트가 아니라 위의 내용과 같이 분양가상한제 적용주택, 공공임대주택, 이전기관 특별공급, 투기과열지구 및 청약과열지구에서 당첨되고 나서 다시 공공분양이나 투기과열지구와 청약과열지구의 민간분양 청약을 하려고 할 때 적용됩니다. 몇몇 사례를 통해 과거 청약에 당첨된 사람이 1순위 청약 요건을 모두 충족하고 다시 민간분양에 도전한다고 가정해보겠습니다(이 책의 4쪽의 지도를 참조하면 이해가 쉽습니다).

case #1   성남시 분당구에 당첨됐던 사람이 고양시에 청약을 넣으려 할 때 (투기과열지구 → 조정대상지역)

이 책의 4쪽 지도를 보면 성남시 분당구는 투기과열지구입니다. 그러므로 재당첨 제한 대상입니다. 그리고 다시 청약하려는 고양시는 조정대상지역이자 청약과열지구입니다. 이 경우 당첨되었던 아파트가 85㎡ 이하라면 5년간, 85㎡ 초과라면 3년간 해당 세대 전원 재당첨 제한을 받습니다.

case #2

과천시에 당첨됐던 사람이 경기도 광주시에 청약을 넣으려 할 때 (투기과열지구 ⇀ 비규제지역)

과천시는 투기과열지구이지만, 다시 청약하려는 경기도 광주시는 청약과열지역도 투기과열지구도 아닙니다. 따라서 과천시 당첨 이력은 재당첨 제한 대상이 되지만 광주시가 청약 제한 대상에 들어가지 않기 때문에 재당첨 제한과 상관없이 1순위 청약을 할 수 있습니다.

case #3

경기도 광주시에 당첨됐던 사람이 용인시 수지구에 청약을 넣으려 할 때(비규제지역 ⇀ 투기과열지구)

앞의 상황과 반대의 경우입니다. 광주시는 비규제지역으로 재당첨 제한을 받는 지역이 아닙니다. 그럼 광주시에서 당첨된 사람은 투기과열지구인 용인시 수지구 1순위 청약을 문제없이 넣을 수 있을까요?

이때는 또다른 기준에 따라 1순위 청약이 어려워집니다. 조정대상지역에서는 재당첨 제한과 별개로 1순위 청약 제한자를 규정하고 있기 때문입니다. 1순위 청약 요건에서 살펴보았던 것처럼 조정대상지역이라면 세대주, 과거 5년 내 다른 주택 당첨 사실이 없는 세대, 1주택 이하 세대만 1순위 청약이 가능합니다. 따라서 광주시에서 당첨된 적 있는 사람은 재당첨 제한은 받지 않지만 다른 주택 당첨 사실에 따라 용인시 수지구 1순위 청약은 불가합니다.

case #4 → **파주시에 당첨됐던 사람이 김포시에 청약을 넣으려 할 때 (비규제지역 → 비규제지역)**

자, 이제 마지막입니다. 파주시는 비규제지역입니다. 다시 청약을 넣으려는 김포시 또한 비규제지역입니다. 그렇다면 재당첨 제한 대상이 아니고 1순위 청약 제한도 없으므로 다시 청약을 하는 데 문제가 없습니다.

그래서, 제 청약 점수는요?

민간분양 일반청약은 가점제와 추첨제로 당첨자를 선정합니다. 가점제는 기준 항목에 점수를 매겨 높은 순으로 당첨자를 뽑는 것이고, 추첨제는 흔히 뺑뺑이라고 말하는 무작위 추첨으로 당첨자를 뽑는 방식입니다. 청약을 넣을 때 가점제와 추첨제 중 자신이 해당하는 쪽을 선택해서 넣어야 하느냐는 질문을 종종 받습니다. 이는 청약을 신청할 때 자동으로 분류되므로 고민할 필요가 없습니다.

가점제와 추첨제 페이지가 따로 있는 것이 아니라 가점제 기준에 맞춰 신청서를 작성하게 되어 있습니다. 청약을 신청할 때는 주택수, 부양가족수, 사는 지역 등을 선택하며 화면을 넘깁니다. 이때 주택이 있다면 무주택 기간 점수가 없으므로 당첨자 선정 시 자동으로 추첨제 대상으로 분류됩니다. 또 모든 항목에 점수가 매겨지더라도 점수가 높은 순으로 가점제 물량이 배정되고 나면 나머지는 다시 추첨제 대상이 됩니다. 이렇게 자동으로 계산되니 편하지만 직접 입력한 정보가 그 바탕이 되기 때문에 각 항목마다 정확하게 선택하는 게 가장 중요합니다. 가점을 매기는 기준을 하나씩 알아보겠습니다.

가점 항목은 세 가지입니다. 무주택 기간, 부양가족수, 청약통장 가입 기간으로 총 84점 만점을 기준으로 합니다. 무주택 15년 이상 32점, 부양가족 6명 이상 35점, 청약통장 가입 기간 15년 이상 17점이 최고점입니다.

점수 계산법을 외울 필요는 없지만 간단하게 기억하는 방법을 알려드리겠습니다. 무주택 기간은 곱하기 2로 기억합니다. 2년 미만이면 2×2로 4점, 10년 미만이면 10×2로 20점입니다. 부양가족은 나를 포함해 한 명 당 5점입니다. 부양가족이 없으면 나 혼자이므로 5점, 부양가족이 두 명이면 나를 포함해 총 3명×5로 15점입

청약 가점 산정기준표

가점항목	가점구분	점수	가점구분	점수
무주택 기간 (32점 만점)	30세 미만 미혼 무주택자	0	8년 이상 ~ 9년 미만	18
	1년 미만(무주택자에 한함)	2	9년 이상 ~ 10년 미만	20
	1년 이상 ~ 2년 미만	4	10년 이상 ~ 11년 미만	22
	2년 이상 ~ 3년 미만	6	11년 이상 ~ 12년 미만	24
	3년 이상 ~ 4년 미만	8	12년 이상 ~ 13년 미만	26
	4년 이상 ~ 5년 미만	10	13년 이상 ~ 14년 미만	28
	5년 이상 ~ 6년 미만	12	14년 이상 ~ 15년 미만	30
	6년 이상 ~ 7년 미만	14	15년 이상	32
	7년 이상 ~ 8년 미만	16	-	-
부양가족수 (35점 만점)	0명(가입자 본인)	5	4명	25
	1명	10	5명	30
	2명	15	6명 이상	35
	3명	20	-	-
청약통장 가입 기간 (17점 만점)	6개월 미만	1	8년 이상 ~ 9년 미만	10
	6개월 이상~1년 미만	2	9년 이상 ~ 10년 미만	11
	1년 이상 ~ 2년 미만	3	10년 이상 ~ 11년 미만	12
	2년 이상 ~ 3년 미만	4	11년 이상 ~ 12년 미만	13
	3년 이상 ~ 4년 미만	5	12년 이상 ~ 13년 미만	14
	4년 이상 ~ 5년 미만	6	13년 이상 ~ 14년 미만	15
	5년 이상 ~ 6년 미만	7	14년 이상 ~ 15년 미만	16
	6년 이상 ~ 7년 미만	8	15년 이상	17
	7년 이상 ~ 8년 미만	9	-	-
총점		84		

니다. 청약통장 가입 기간은 +1입니다. 보유 기간이 2년 미만이라면 2+1로 3점, 10년 미만이라면 10+1로 11점입니다.

평생 무주택이었는데 만점이 아니라고요?

무주택 기간을 계산할 때는 우선 내가 무주택자인지 확인해야 합니다. 무주택 기준은 세대이므로 내가 세대주라면 나의 주민등록등본에 올라와 있는 세대 전원, 배우자나 아이 또는 부모가 무주택이어야 합니다. 배우자 또는 부모 등이 주택을 소유한 경우에는 본인 명의 주택이 없더라도 무주택으로 인정되지 않습니다. 무주택 기간 계산 시점은 미혼인 경우 만 30세 이상부터이며 만약 30세 이전에 결혼했다면 혼인신고일부터 계산합니다. 주택을 처분한 후에는 매도일로부터 다시 무주택 기간을 산정합니다.

부양가족수는 세대 개념에서 살펴보았던 것처럼 배우자와 직계존비속이 그 기준입니다. 직계존속은 부모 및 조부모, 직계비속은 자녀 및 손자녀입니다. 배우자의 직계존속도 포함합니다.

1985년 10월생인 A는 2014년 3월에 결혼해 현재 두 명의 자녀가 있습니다. 결혼한 이후 쭉 무주택 상태입니다. 2020년 5월 기준 가점을 계산해 볼까요? A는 2015년에 만 30세가 되지만 2014년에 결혼했으므로 2014년부터 무주택 기간을 산정합니다. 무주택 기간 7년 미만으로 14점입니다. 부양가족은 배우자와 자녀 둘을 포함해 20점, 청약통장 보유기간은 10년으로 11점입니다. 점수는 총 45점입니다.

이렇게 가점을 계산하더라도 내 점수가 당첨 경쟁력이 있는지는 최근의 청약을 살펴보며 비교해봐야 합니다. 수도권의 경우 평균 60점을 안정권으로 봅니다.

소위 로또 청약이라고 불렸던 르엘 신반포 센트럴은 당첨 최고점이 79점이었으며 수원 매교역 푸르지오SK뷰에서는 84점 만점자가 나오기도 했습니다. 최근 위례, 과천 등에서 굵직한 분양들이 진행되면서 꽤 많은 청약통장이 소모되었을 거라 예상하더라도 청약 붐이 일고 있어 여전히 60점 이상은 되어야 어디든 넣어볼 만한 점수로 보여집니다. 가점이 높은 편이라면 무주택 기간, 부양가족 등에 변수가 없도록 잘 관리해 좋은 결과 얻길 바랍니다.

'A타입은 치열하니 B타입으로…' 청약 성공 전략

꼭 당첨되었으면 하는 아파트인데 가점이 부족할 때는 어떻게 하는 게 좋을까요? 어차피 안 될 것 같으니 내 것이 아니라 생각하고 다음 청약을 기다릴까요? 결과를 장담할 수는 없지만 그래도 당첨되길 바라는 아파트라면 타입을 전략적으로 선택해 청약을 시도해볼 수 있습니다.

청약 가점이 48점이었던 지인이 있었습니다. 매번 주택 매수 결단을 내리지 못해 타이밍을 놓치곤 했습니다. 48점이 아주 낮은 점수는 아니었기에 당시 위례 포레자이 청약을 추천해주었습니다. 위례 포레자이는 95~108 타입이 공급되었는데 그중에서 웬만하면 101B 타입을 넣으라는 조언을 덧붙였습니다. 위례신도시 청약은 그렇지 않아도 인기가 많은 지역이라 청약이 몰릴 텐데 그 안에서 그나마 경쟁률이 적을 만한 타입을 공략하기 위해서였습니다.

위례 포레자이 1순위 청약 마감 결과

타입(m²)	가구 수	신청자(명)	경쟁률
95A	68	1만 3,412	197 대 1
95B	37	4,633	125 대 1
101A	208	3만 2,631	157 대 1
101B	143	9,442	66 대 1
108T	3	728	243 대 1
131	28	2,626	94 대 1
계	487	6만 3,472	130 대 1

95 타입과 101 타입이 일반적으로 선호하는 중형 평형인데 두 타입의 구조상 차이가 크지 않았습니다. 그렇다면 분양가가 좀 더 저렴한 95 타입을 생각해볼 수 있지만 공급 세대수가 많지 않아 경쟁이 치열할 거라 판단했습니다. 101A, B 타입 또한 구조상 큰 차이 없이 공급되었습니다. 101A 타입이 좀 더 반듯하게 평면이 뽑힌 정도가 달랐습니다. 큰 차이가 없으면서 A 타입 공급물량이 많았기 때문에 A 타입에 몰릴 것으로 생각했습니다. 청약 당일 커뮤니티를 통해 사람들이 어떤 타입을 선호하는지 분위기를 살피기도 했습니다. 실제 위례 포레자이 평균 청약 경쟁률은 130 대 1이었습니다. 어마어마한 경쟁률입니다. 지인이 넣었던 101B 타입은 예상대로 1순위 청약 평균 66대 1로 그나마 낮은 경쟁률을 기록했습니다. 정말 운이 좋게 지인은 당첨되었습니다 재미있는 건 가점 경쟁에서는 밀렸는데 추첨으로 당첨이 되었다는 사실입니다. 하지만 더 경쟁률 높은 타입에 지원했다면 어떻게 됐을지 모릅니다.

위례 포레자이는 그렇지 않았지만 일반적으로 아파트 분양 시 타입에 따라 판상형, 타워형 등으로 집 구조가 달라진다는 건 잘 알고 있을 것입니다. 평형과 타입을 분석해 경쟁률이 비교적 덜한 곳을 찾아 청약을 넣어보시길 바랍니다. 130 대 1의 경쟁률 속에서 무엇이든 당첨이 되는 게 더 중요하니까요. 묵혀둔 청약통장이 유용하게 잘 쓰였다며 기뻐하던 지인의 얼굴이 떠오릅니다. 가점이 간당간당해서 고민이라면 청약을 넣을 때 상대적으로 인기가 덜한 타입, 가령 타워형이나 인기가 덜한 구조 또는 넓은 평형 등을 공략해보시기 바랍니다.

85㎡는 경쟁률이 셉니다

85㎡ 이하는 25평, 34평 아파트입니다. 신혼부부, 자녀가 한두 명 있는 가정에서 가장 선호하는 평형입니다. 그러나 투기과열지구의 이러한 평형은 100% 가점제로 청약을 진행하기 때문에 가점이 낮은 20대, 30대의 당첨 가능성은 거의 없습니다. 울며 겨자 먹기로 85㎡ 초과에 넣을 수도 있겠지만 평형이 넓어지는 만큼 분양가가 올라갑니다. 특히 분양가가 9억을 초과하게 되면 중도금 대출을 받을 수 없기 때문에 자금에 여유가 있어야 합니다.

따라서 점수가 낮더라도 청약 당첨 확률을 높이려면 추첨 비율이 높은 지역의 청약을 노려야 합니다. 비규제지역에서는 85㎡ 이하에서도 추첨 비율이 최소 60%이고 85㎡ 초과에서는 100% 추첨으로 당첨자를 선정합니다. 가점제보다 훨씬 기회가 많습니다.

최근 바뀐 부동산대책에 따라 추첨제 선정 방식에 일부 규제가 적용되어 추첨제에서도 무주택자를 우선합니다. 과거에는 주택 소유 여부에 상관없이 모두 동등한 기회로 추첨 대상이 되었지만, 이제부터는 경쟁이 있을 때 무주택자에게 75%를 우선 공급하고 남은 물량은 1주택자 가운데 기존 주택을 처분하기로 서약한 사람에게 공급합니다. 사실상 청약이 무주택자들을 위한 제도가 되었기에 현재 무주택자라면 더욱 청약에 관심을 가져야 합니다.

로열동·로열층(RR)을
한눈에 알아보는 안목

요즘 부동산 톡방이 우후죽순 늘었습니다. 단순히 부동산 정보를 교류하기 위한 곳도 있고 특정 지역 또는 아파트 커뮤니티로 쓰이는 곳도 있습니다. 투자처를 찍고 같이 몰려가는 세력 형성 목적의 방도 눈에 띕니다. 이러다 보니 가격 담합 등을 조사하기 위한 톡방 단속 이야기까지 나옵니다. 이런 뉴스를 집할 때면 부동산에 혈안이 된 대한민국이라는 말이 아주 틀린 것도 아닌 듯합니다.

온라인에서 일상적으로 줄임말을 쓰듯 부동산 커뮤니티에서도 여러 용어들을 줄여 부릅니다. 아파트 이름을 줄이는 건 다반사고 플피(플러스 프리미엄), 마피(마이너스 프리미엄), 세안고(세입자를 끼고 있는 집), 모하(모델하우스) 등이 자주 쓰입니다. 로열(Royal)동, 로열 층을 줄여 부르는 알알(RR)이라는 말도 있습니다. 그 아파트에서 가장 특징적이며 가치가 높다고 평가되는 곳입니다.

남향+편의성+행복감+여유+교육+⋯ = RR

알알은 조망이나 편의시설과의 거리 등으로 정해집니다. 그렇다고 각 아파트마다 알알이라고 지정할 수 있는 딱 하나의 동만 존재하는 것은 아닙니다. 무엇을 기준으로 가치를 평가하는지에 따라 각 동마다 다른 장점이 있는 경우도 있습니다.

일반적으로 말하는 알알이란 남향에 영구 조망을 가지는 라인입니다. 서울이라면 거실 베란다를 기준으로 앞을 가리는 것 없이 한강이 보이거나 롯데타워, 남산타워 등 상징적인 건물이 보이는 동이라고 말할 수 있습니다. 같은 단지에서도 그런 뷰가 나오는 일부 동이 있고 같은 동이라도 특정 층 이상에서만 전망이 확 트이는 경우도 있어서 알알을 구분할 수 있습니다.

빽빽하게 아파트가 세워지는 우리나라 도시의 주거 환경상 조망권이 확보되는 집은 희소성이 있습니다. 그리고 커튼을 활짝 젖히고 사는 삶은 생각보다 우리 일상생활에 높은 만족감을 주기도 합니다. 얼마 전 제 친구는 반짝이는 멋진 빌딩이 보이는 전망 좋은 집으로 이사를 갔습니다. 낮은 주택가의 촘촘함과 옆으로는 산이 보이고 멀리에는 번화가가 보이는 다채로운 뷰의 고층 집입니다. 원래 이 친구는 상가주택이 즐비한 골목 빌라에 살았는데 그때는 뷰라고 할 만한 게 없었고 층이 낮다 보니 항상 커튼을 닫아 두었습니다. 그런데 이제 뻥 뚫린 고층으로 가니 아무 신경도 쓸 필요 없어 샤워하고 옷도 안 챙겨 입고 거실을 활보하기도 한다고 합니다. 정말 별거 아닌 것 같지만 그 자유로움에서 느껴지는 행복이 있다고 합니다.

저는 지금 앞 동에 비스듬히 가리는 집에 살고 있습니다. 앞 동과 거실을 마주보는 건 아니라서 크게 사생활 침해를 받진 않지만 그래도 누군가 작은 방 창문으로, 주방 창문으로 볼 수도 있다는 생각에 빛은 잘 들지만 시야는 가려주는 레이스 커튼을 항상 닫아 둡니다. 그래서 가끔 친구의 말을 떠올리며 그런 자유를 꿈꿔보기도 합니다. 조망 하면 일출, 일몰, 야경처럼 멋신 환경을 먼저 떠올리지만 이런 짜릿한 소확행의 매력도 있는 것 같습니다.

대체로 아파트의 중상층을 로열층이라고 부르지만 테라스나 정원을 제공하는 1층, 복층을 제공하는 탑층에 대한 선호도 늘고 있습니다. 방향에 있어서는 대부분 사람들이 정남향을 선호하지만 모든 아파트를 정남향으로 짓기는 불가능합니다. 그래서 요즘엔 남서향, 남동향으로 남향을 끼고 아파트를 짓습니다. 남서향은 오후에 해가 길게 들어와 겨울에 따뜻하다는 장점이 있고, 남동향은 반대로 오전에 해가 들어 아침을 일찍 시작할 수 있으며 여름에 시원합니다.

'초품아'라는 말 들어보셨을 겁니다. 초등학교를 품은 아파트라는 뜻으로 어린 아이들이 큰 도로를 건너는 일 없이 가까이에서 학교를 다닐 수 있는 아파트가 인기가 많습니다. 또 지하철역, 버스 정류장과의 거리 등 대중교통 접근성도 아파트 가치를 매기는 데 큰 몫을 차지합니다.

이렇게 알알을 인정받을 수 있는 장점이 있으면 분양권 상태에서부터 일반 세대에 비해 프리미엄이 더 얹어지는 경우가 많습니다. 최근 전매제한이 풀린 의정부역 센트럴자이& 위브캐슬 아파트를 보겠습니다. 줄여서 의센자라고 말하는 이 아파트의 59 타입은 전체 판상형으로 A, B, D, E 타입으로 나뉩니다. 그러나 B 타입만 4베이이고 나머지는 3베이라서 타입 선호도는 B가 가장 높습니다. 의센자 단지는 동 간격이 넓어 앞이 트이는 라인이 많은 편입

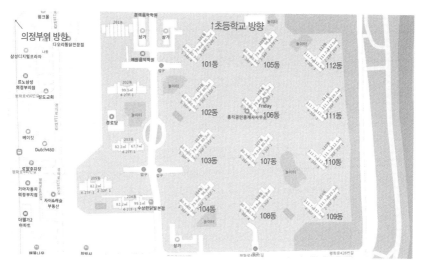

의정부역 센트럴자이&위브캐슬 아파트

니다. 하지만 여러 부분을 종합적으로 살펴보았을 때 조망권이 확보되고 B 타입으로 구성되며 출퇴근이 용이한 위치에 있는 101동 4호 라인이 알알일 것으로 예상할 수 있습니다.

실제로 2020년 매물 상태를 보면 다른 동에 비해 해당 동에서 나오는 매물이 없습니다. 나오더라도 다른 동보다 가격 차이가 날 것으로 보입니다. 참고로 109동부터 112동에 위치한 34평은 동쪽 중랑천 뷰가 나오는지에 따라 시세가 다릅니다.

조망뿐 아니라 그 지역 라이프스타일이 반영된 알알도 있습니

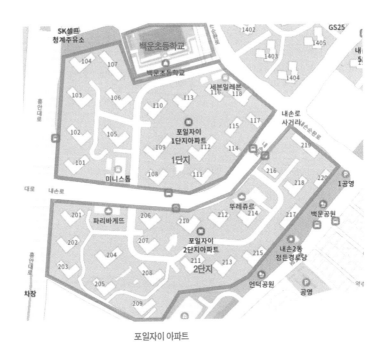

포일자이 아파트

다. 소형 평형이 주를 이루는 단지라면 지하철역, 버스 정류장과의 거리가 알알을 결정하는 데 중요하고 대형 평형이 주를 이루는 단지라면 동 간 거리, 숲세권 요소가 중요합니다. 단지 내 학교를 품고 있는 경우에는 학교와의 거리가 평가 대상이 되기도 합니다.

위 그림의 포일자이 아파트는 같은 아파트가 도로를 중앙에 두고 두 개 단지로 나뉜 형태입니다. 1단지에는 초등학교와 커뮤니티 센터가 있습니다. 초등 자녀를 키우는 가정에서 선호하는 34평을 기준으로 학교 앞 동과 2단지 동 간에는 항상 3천만 원 정도의 시세 차이가 납니다.

아파트 청약을 넣을 때 특정 동을 골라서 넣지는 않기 때문에 알알 배정은 온전히 운에 맡길 수밖에 없습니다. 가끔 청약으로 받은 동호수가 마음에 안 들어 고민된다는 이야기도 듣는데, 그건 운을 탓할 수밖에 어쩔 도리가 없습니다. 사실 당첨되었다는 사실만으로 기쁜 일인데 당첨되고 나면 또 다른 욕심이 드는 게 사람 마음인가 봅니다.

RR이 아니어도 되는 이유, 이미 분양가에 선반영

분양권 거래를 주력으로 하는 부동산에서 직원으로 일했을 때 이야기입니다. 평촌에 위치한 약 4천 세대 아파트였는데 분양권 전매 시점이 다가오자 콜센터를 방불케 할 정도로 소유자들에게 전화를 돌렸습니다. 하루에 적어도 백 통 이상 전화를 건 듯합니다. 매도 생각이 있는 물건을 선점해서 광고도 하고 계약도 진행하기 위해서입니다. 글로 쓰니 점잖게 표현이 되지만 매수 대기자가 줄을 섰을 정도로 뜨거웠던 단지라 물건 찾기가 전쟁과도 같았습니다.

그때 참 다양한 사람들의 반응을 많이 겪었지만 대부분 초미의
관심사는 "그래서 얼마에요?"입니다. 팔 생각은 없지만 그래도 지
금 판다면 내 손에 얼마가 쥐여지는지를 꼭 확인합니다. 이때 시세
에 만족하는 사람은 정말 열에 하나 있을까 말까입니다.

일단 전화를 받은 사람은 물건을 가진 본인이 갑이라고 생각하
기 때문에 앞이 꽉 막힌 1층 소유자도 평균 시세만큼은 받고 싶어
합니다. 그러니 누가 봐도 로열을 소유한 사람은 그야말로 콧대가
하늘을 찌릅니다. 부동산으로부터 여러 차례 전화를 받고 이 아파
트를 사려는 매수인도 많다고 하니 그 마음은 이해가 갑니다. 저도
한편으로는 부러웠습니다.

아무튼 알알 소유자들은 이렇게 좋은 집을 어떻게 그 가격에 파
느냐는 반응입니다. 당시 초기 프리미엄 시세가 7천만 원~1억 원
사이였는데 1억 5천만 원은 받아야 팔겠다고 으름장을 놓았습니
다. 현재 매수인은 7천만 원에서 1억 원 사이에서 고민할 수 있기
때문에 갑자기 1억 5천만 원을 지불하지는 않습니다. 그러니 그 시
세가 되었을 때 연락드리겠다고 하고 끊습니다. 그리고 시간이 지
나 시세가 1억 5천만 원이 되면 이제는 3억 원은 줘야 팔겠다고 합
니다. 또는 진짜로 1억 5천만 원이 되어버려(?) 엄청 고민하는 경우

도 부지기수입니다. 1억 5천만 원이면 만족할 것 같았는데 막상 팔자니 더 오를 것 같아 손해보는 것만 같은 기분 때문입니다.

부동산 경기가 좋을 때는 무엇이든 보유하는 사람이 이기는 게 진리라고 생각합니다. 부동산이 우상향 곡선을 그린다는 건 모두 아는 사실이니까요. 묻어두고 잊어버리면 적어도 물가상승률만큼이라도 오르니 손해볼 일은 없습니다. 그렇지만 끊임없이 부동산 거래가 일어나는 이유는 그 시점 그 가격에 매도하고 그 이익으로 또 다른 투자를 하거나 그 이익 정도로 만족한다고 결정했기 때문입니다. 이미 내 손을 떠난 물건은 그게 3억 원이 오르든 10억 원이 오르든 더 이상 내 것이 아닙니다. 그러나 잔금을 치르는 그날까지 마치 매수인이 물건을 뺏어간 것처럼 차갑게 대하는 매도인도 간혹 있습니다.

소유자는 내가 가진 집이 알알이라고 생각하면 훨씬 큰 가치로 인정받길 원합니다. 또는 내가 가진 집을 알알로 만들기 위해 다양한 요소를 끌어와 덧붙이기도 합니다. 그렇지만 사실 알알은 집값을 좌우하는 절대적인 가치라기보다 주거 만족도 측면에서 알아두면 좋을 참고사항 정도로 보면 좋습니다. 아파트 연식이 오래될수록 시세는 거의 비슷해지기도 하고 차이가 나도 몇 천만 원 수준입니다. 아파트 입주자 모집공고에서 분양가를 살펴보면 동마다 층

마다 분양가가 조금씩 다른 걸 확인할 수 있습니다. 그 차이는 이미 건설사가 알알의 가치를 반영해 분양가를 올렸기 때문입니다.

알알이 선호도가 높아 다른 집에 비해 좀 더 수월하게 처분할 수 있는 건 사실입니다. 그렇다고 집착할 필요는 없습니다. 매수인 입장이라면 아파트나 분양권 시세를 점검하는 목적으로 파악하는 정도가 좋습니다. 계약하려는 집의 가격이 적절한지를 알알 매물과 비교해 판단 기준을 세울 수 있고 또는 이왕이면 다홍치마라고 적당한 가격에 알알 매물이 있다면 놓치지 않고 기회를 잡을 수도 있습니다.

지역별·연령별 청약 당첨 전략

하루 빨리 내 집 마련을 하고 싶다면 다른 사람들과 다르게 움직여야 합니다. 툭하면 실시간 검색어에 오르내리며 사람들의 관심이 쏠리는 청약은 그 자체로 특별한 가치가 있기도 하지만 그 가치 때문에 투자 목적으로 접근하는 사람도 많습니다. 그렇게 높아진 경쟁률은 결국 나의 당첨 확률을 떨어뜨리게 마련입니다. 여기 저기 청약을 넣다 보면 어쩌다 하나쯤은 얻어걸릴 수도 있어 일단 청약은 넣고 본다고도 합니다. 그렇지만 그런 이야기는 분양권으로 투자를 하려고 하는 경우에 더 적합한 이야기입니다. 단순히 전매를 목적으로 한 당첨이 아니라 실입주까지 희망하고 있다면 당첨될 만한 청약을 찾아다니는 전략을 세워야 합니다.

전셋집을 구할 때부터 청약을 준비하세요

처음부터 지역을 전략적으로 선택하는 것도 하나의 방법이 될 수 있습니다. 청약을 넣을 때 그 지역이 조정대상지역인지 아닌지는 그에 따라 청약 요건과 대출 규제가 달라지므로 중요한 사항입니다. 대부분 지역에서 지역 거주자를 우선하기 때문에 지역 선택은 청약 당첨에서 가장 기본적인 부분이기도 합니다.

만약 결혼한 지 오래된 맞벌이 딩크 부부라면 가점이 낮아 무조건 추첨을 노려야 합니다. 그렇다면 추첨 비율이 높은 비규제지역에 거주하면서 1순위 청약을 노릴 수 있습니다. 반대로 돈이 많아 대출을 전혀 고려하지 않고 있다면 오히려 투기과열지구로 가서 중도금 대출이 안 나와 상대적으로 경쟁률이 낮은 고가아파트 청약에 도전하는 게 가능성이 높습니다.

서울 집값이 대한민국 집값 상승의 시작점이자 중심이다 보니 많은 사람들이 무조건 서울 청약에서 답을 찾으려고 합니다. 그래서 점수가 30점도 채 안 되는데 가점제 100%인 59 타입 청약을 열심히 넣습니다. 1순위니까 언젠가는 되겠지 하면서 떨어지면 또 넣고 또 넣습니다.

그러다 분양가가 11억 원부터 시작한다는 르엘신반포 청약 경쟁률이 124 대 1이라는 뉴스를 접하면 역시 서울에선 답이 없다, 청약도 그사세구나 하며 박탈감을 느낍니다. 결국 높은 집값이 문제고 투기가 문제고 정부가 문제라는 등 부정적인 시선으로 부동산을 바라봅니다. 전쟁에서 승리하려고 하면서 아무 전술도 없이 무작정 적진을 향해 돌진하기만 하면 전력 낭비도 크고 그 결과도 장담할 수 없는 것처럼 청약 당첨을 목표로 하면서 아무 계획도 없다면 목표 달성은 먼 미래가 될 뿐입니다. 본인만의 전술을 적극적으로 세워야 합니다. 몇 가지 사례를 통해 전략적으로 청약에 당첨되고 내 집 마련하는 방법을 고민해보겠습니다.

서울 사는 신혼부부는 신혼희망타운도 노려볼 것

먼저, 서울에 살고 있는 신혼부부의 내 집 마련을 생각해볼까요? 앞에서 말한 것처럼 서울에서 아이 없는 신혼부부가 일반 청약으로 아파트에 당첨되기는 정말 어렵습니다. 85㎡ 이하는 100%

가점제로 뽑기 때문에 점수가 낮아 가능성이 없고 85㎡ 초과 평형은 그 규모나 분양가가 부담스럽습니다. 그렇다면 이 신혼부부가 청약을 하려면 일반청약은 뒤로 하고 신혼부부(또는 생애최초) 특공 대상인지부터 따져봐야 합니다. 신혼 기준인 혼인 기간 7년 이내인 부부이면서 소득 기준 구간에 들어와 있다면 신혼부부 특공 계획으로 청약에 도전하는 게 좋습니다. 2세 계획이 생기는 대로 바로 특공을 지원합니다.

신혼부부 특공 대상이면서 일정 자산 기준에도 부합한다면 신혼희망타운 제도도 활용할 수 있습니다. 신혼희망타운은 신혼부부만을 위한 아파트를 정부에서 공급하는 사업입니다. 분양형과 임대형으로 나누어지며 교통이 편리한 곳에 짓는 것이 가장 큰 특징입니다. 분양가상한제로 분양가가 저렴하고 입주자는 1%대의 저리 대출 지원도 받을 수 있습니다. 입지적 장점과 금전적 혜택 때문에 신혼부부 특공만큼이나 많은 신혼부부들이 지원합니다. 현재까지 위례, 수서, 양원, 동탄, 감일, 과천 등에 공급되었는데 보통 400세대 전후로 분양해서 경쟁률이 더욱 치열했습니다. 수서 신혼희망타운의 최고 경쟁률은 154 대 1이었습니다. 자격 조건을 갖추었다면 일반 아파트 신혼부부 특공과 신혼희망타운 모두 지원해 당첨 가능성을 높일 수 있습니다.

신혼희망타운 분양형 기준 당첨자 선정 방식은 다음과 같습니다. 소득, 해당 지역 거주 기간, 청약통장 납입횟수로 점수를 매겨 30%에 우선 공급하고, 70%는 미성년 자녀수, 무주택 기간, 해당 지역 거주 기간, 청약통장 납입횟수로 점수를 매깁니다.

신혼희망타운 분양형 당첨자 선정 방식

1단계: 가구소득, 해당 지역 연속 거주 기간, 청약통장 납입 횟수로 우선 공급

가점항목	평가요소	점수	비고
가구소득	70% 이하	3	(예비)배우자 소득이 있는 경우 80% 이하
	70% 초과 100%이하	2	(예비)배우자 소득이 있는 경우 80%~110%
	100% 초과	1	(예비)배우자 소득이 있는 경우 110% 초과
해당 지역(시·도) 연속 거주 기간	2년 이상	3	시는 특별시·광역시·특별자치시 기준이며, 도는 도·특별자치도 기준
	1년 이상 2년 미만	2	
	1년 미만	1	
입주자저축 납입인정 횟수	24회 이상	3	입주자저축 가입 확인서 기준
	12회 이상 23회 이하	2	
	6회 이상 11회 이하	1	

2단계: 1단계 낙첨자, 혼인 2년 초과 7년 이내 신혼부부 및 만 3세 이상~만 7세 미만 자녀를 둔 한부모가족에게 가점제로 공급

가점항목	평가요소	점수	비고
미성년 자녀수	3명 이상	3	태아(입양) 포함
	2명	2	
	1명	1	
무주택 기간	2년 이상	3	만 30세 이후의 기간으로 하되, 그 전에 혼인한 경우 혼인신고일로부터 공고일 현재까지 세대 구성원(예비 신혼부부는 혼인으로 구성될 세대를 말함) 전원이 무주택인 기간으로 산정
	1년 이상 ~2년 미만	2	
	1년 미만	1	
해당 지역(시·도) 연속 거주기간	2년 이상	3	시는 특별시·광역시·특별자치시 기준이며, 도는 도·특별자치도 기준
	1년 이상 ~2년 미만	2	
	1년 미만	1	
입주자저축 납입 횟수	24회 이상	3	입주자저축 가입 확인서 기준
	12회 이상 ~23회 이하	2	
	6회 이상 ~11회 이하	1	

※ 동점자 발생 시 추첨 선정(1,2단계 가점제 공통사항)

특공 대상이 아니거나 경쟁력이 떨어진다고 판단되면, 서울 청약은 신경 쓰지 말고 수도권 택지지구 청약을 노려봅니다. 서울 시민도 공급대상 50%에 들어가기 때문입니다. 서울 출퇴근이 편리한 교통을 고려해야 하니 입주 시점 전후로 교통 개발 호재가 있는 곳이라면 안성맞춤일 것입니다.

특히 최근에는 GTX 노선을 따라 집값 상승이 많이 이루어졌습니다. GTX는 수도권광역급행열차로 외곽에서 서울 중심까지 이동 시간을 획기적으로 단축하는 이동 수단입니다. 수원, 의정부 등에서 삼성역까지 20분~30분이면 도착합니다. 현재 계획된 3기 신도시 및 택지지구 중에도 GTX 정차 지역이 있습니다. 출퇴근 지역과 생활권을 고려하면서 개발 예정에 있는 남양주 왕숙, 고양 창릉과 같은 3기 신도시나 과천지식정보타운, 옥정신도시, 별내지구 등을 눈여겨보시기 바랍니다.

최근 한 구독자로부터 메일을 받았습니다. 서울에 살고 있는 5년차 신혼부부였는데 신혼부부 특공 자격으로 웬만한 청약에 모두 도전한 결과 다산신도시 아파트 청약에 당첨되었다며 그동안 영상으로 도움을 받아 고맙다는 마음을 전한 메일이었습니다. 도움이 되었다는 말이 기쁘기도 했지만 그보다 포기하지 않고 모든 기회에 도전한 그 노력이 더욱 대단하고 멋있다고 생각했습니다.

구독자는 삼성역 인근으로 출퇴근을 하는데 아이가 생기니 신축 아파트로 옮기고 싶은 열망이 커졌다고 합니다. 집을 사는 건 본인들과 전혀 관련이 없는 일처럼 느꼈는데 해를 거듭할수록 집 한 채의 필요성을 체감했습니다. 그때부터 아파트 청약을 공부하면서 기회를 찾았는데 여러 지역을 알면 알수록 두 사람이 우물 안 개구리처럼 한곳에 머물러 있었다는 생각이 들어 출퇴근만 가능한 지역이라면 어디든 청약을 넣기 시작했다고 합니다. 소득기준을 유지하기 위해 이직도 미루면서 말입니다. 그렇게 도전해 마침내 좋은 결과를 얻었고 이제는 한 템포 쉬며 기대감으로 부풀어 입주만 바라보고 있다고 합니다. 눈을 뜨고 기회를 찾으면 분명 한 발자국 더 빨리 나아갈 수 있다는 걸 한번 더 생각하게 되었습니다.

청약 최강자 40대는 선택과 집중 전략으로

이번에는 자녀가 있는 40대 무주택 부부라면 어떤 식으로 청약에 접근해야 할지 생각해보겠습니다. 40대는 청약 최강자라고 불릴 만큼 당첨에 유리한 조건을 이미 갖추고 있습니다. 25세부터 청약통장을 보유해온 현재 45세 세대주의 조건은 어떠할까요?

무주택 기간 만 30세부터로 30점, 청약통장 보유 기간 17점 만점으로 벌써 총 47점입니다. 결혼을 만 30세 전에 했다면 무주택 기간 점수를 더 받을 수 있습니다. 여기에 부양가족으로 배우자와 자녀 한 명만 있어도 15점을 더해 62점입니다. 자녀가 둘이면 67점이 됩니다. 일반적으로 수도권 청약 당첨 안정권을 60점대로 보기 때문에 당첨에 매우 유리한 점수라고 볼 수 있습니다. 게다가 40대는 직장이나 사업 등에서 자리를 잡은 때로 현금 흐름도 다른 세대에 비해 안정적입니다. 따라서 대출 실행과 상환에도 큰 무리가 없습니다. 높은 가점과 안정적인 소득, 당첨이 되기만 하면 되는 상황입니다.

이렇듯 40대는 당첨 가능성이 아주 높기 때문에 당첨될 수 있을까 고민하며 여러 청약에 도전할 게 아니라 본인 조건에 모두 부합하는 가장 마음에 드는 아파트를 신중하게 골라 청약을 넣어야 합니다. 저의 유튜브 채널에서 매달 관심도가 높은 수도권 청약지 다섯 군데를 선정해 브리핑합니다. 정보를 참고하면서 후보지를 수집하고 비교해 꼭 넣고 싶은 아파트를 찾아 선택과 집중을 해야 합니다. 인기 많은 청약지라면 당첨 커트라인이 70점대로 오르기도 하니 청약 점수가 67점 정도라면 결과를 예측하기 쉽지 않습니다. 이렇게 점수가 애매할 때는 타입을 전략적으로 선택하는 게 방법이 될 수 있습니다.

보통 아파트 타입은 면적별로 A, B, C 타입으로 나뉘어 나옵니다. 반드시 A 타입 선호도가 가장 높다고 볼 수는 없고 그 구조와 해당 라인의 단지 내 위치 등에 따라 선호도 높은 타입이 선별되기 마련입니다. 일반적으로 타워형 라인 2베이 구조보다 판상형 라인 3베이가 선호도가 높고 공급물량이 적은 쪽보다는 많은 쪽에 청약 신청이 몰려 경쟁이 치열합니다. 그래서 꼭 당첨되고 싶은 아파트인데 점수가 커트라인에서 간당간당할 때는 눈치껏 청약을 넣습니다. 아침에 청약이 열리자 마자 접수하지 말고 경쟁이 덜 치열해 보이는 타입을 찾아 여론을 먼저 살핍니다. 부동산 커뮤니티나 검색만으로도 사람들이 어느 타입을 선호하는지 대략적인 분위기를 살필 수 있습니다. 조금이라도 당첨 확률을 높이려는 노력이 필요합니다.

또는 그 지역에서 흔히 대장 아파트라고 불리는 리딩 단지 청약이 아닌 그 주변 다른 단지 청약에 도전하는 방법도 있습니다. 리딩 단지에 고점 통장이 몰리기 때문에 그 주변 단지에서는 상대적으로 내 점수 경쟁력이 높아지기 때문입니다. 실수요라면 입지적으로 약간의 아쉬움이 있더라도 당첨의 기쁨으로 충분히 상쇄시킬 수 있습니다. 청약에 도전하는 다른 세대에 비하면 40대는 선택의 폭도 넓고 좋은 결과를 얻을 가능성도 큽니다. 무주택 40대라면 무적 청약통장을 꼭 활용해서 원하는 아파트 청약에 도전하기 바랍니다.

2030 싱글의 청약 당첨 전략

마지막으로 2030 싱글은 어떨까요? 요즘은 사회생활을 시작하면서부터 또는 그 이전부터 부동산 재테크에 관심을 가지는 사람들이 많습니다. 그래서 꼭 결혼하지 않더라도 청약이나 부동산 투자에 촉각을 세우곤 합니다. 싱글은 신혼부부보다 더 심각하게 점수가 나오지 않고 싱글을 위한 특별공급은 없기 때문에 청약에 접근하기 매우 어려운 게 사실입니다. 청약 취지 자체가 한 세대 구성원들의 안정적인 주거 보장을 위한 주택 공급이기 때문입니다. 세대 분리를 한 1인 가구여도 청약 대상에서는 비껴 있어 당첨을 기대하기 어렵습니다.

그러므로 부동산에 일찍 눈 뜬 20대라면 청년전세임대 제도나 청년 우대 전세대출 등을 활용해 본인의 주거 안정을 찾은 후 시드머니를 잘 모아 투지를 목표로 공부해보기 바랍니다. 안정적인 수입이 있다면 직접 투자해보면서 부동산 재테크와 자산 관리의 재미를 느꼈으면 좋겠습니다. 우리 부부는 결혼을 하고 나서 부동산에 관심을 가지게 되었는데 가끔 조금 더 빨리 알았더라면 하는 아쉬움을 이야기하곤 합니다. 알면 알수록 더 공부해야 할 부분도 많고 경험이 곧 지식으로 쌓이기 때문이기도 합니다.

1인 가구인데 분양권에 관심이 있다면 무순위 청약 일정을 잘 확인했다가 줍줍에 도전해볼 수 있습니다. 당장 내 집 마련이 급하지 않기 때문에 아파트 장기 보유 목적보다는 투자로 접근할 가능성이 큽니다. 전매제한 기간이 짧은 비규제지역 분양권 전매를 활용해 자산을 늘리는 걸 목표로 해보는 것도 좋겠습니다. 그 과정에서 지역 공부도 하고 부동산 계약도 진행해보고 은행 거래와 대출도 해보면서 부동산을 배우게 됩니다. 그 경험과 자산이 앞으로의 안정적인 내 집 마련과 재테크에 도움이 될 것입니다.

취업하자마자 스스로를 자극할 요량으로 부동산을 구입해버린 지인이 있습니다. 20대 후반 막 입사를 했던 당시 위례신도시가 분양을 시작했습니다. 위례 개발 초반으로 청약 미달이 있던 때 한 아파트를 청약으로 받았습니다. 부모님과 상의도 했고 위례 입지는 좋아질 수밖에 없다는 생각도 했다고 합니다. 중도금 대출로 입주까지 버텼고 입주 시점에는 월세를 끼고 대출을 받아 대출금을 꼬박꼬박 내며 2년간 보유했습니다. 위례신도시 입주 초반에는 매매가 대비 임대비용이 낮았기 때문에 대출이자를 월세로 일부 충

당하더라도 부담이 됐습니다. 그러나 결국 그 아파트를 팔 때는 웃을 수 있었습니다. 5억 원에 분양받은 아파트가 10억 원이 되었고 1세대 1주택 양도소득세 비과세도 받아 큰 수익을 거뒀기 때문입니다.

지인은 이때의 결정을 후회한 적이 없다고 합니다. 수익을 낸 것도 좋은 일이지만 그보다 아파트 한 채를 대출로 보유하고 있다는 생각이 생활에 자극이 되었기 때문입니다. 입사 1년 차, 3년 차에 다들 한번쯤 흔들리는 시기가 와도 지인은 다른 생각할 겨를 없이 대출을 보며 참고 견뎠고, 그러다 보니 잘 적응하게 되었다고 합니다. 스스로 경제적 족쇄를 채웠다고 표현할 수도 있지만 그게 결국 큰돈을 모아주었으니 고개를 끄덕이게 되는 부분입니다. 또 이 과정에서 부동산에 관심을 갖게 되었고 월세를 운영하면서 임차인과의 관계도 배웠다고 합니다. 분양권 계약, 임대차 계약, 매매 계약을 모두 경험해본 건 물론입니다. 지금은 그 수익으로 서울 아파트 매수를 계획하고 있습니다.

싱글이라고 해서 부동산은 나중에 기회 되면 알아보자고 미뤄두지 말고 관심이 생겼다면 무엇이든 시도해보기 바랍니다. 다른 사람보다 먼저 해본 경험이 결국 내 자산이 됩니다. 부동산도 재테크 수단 중 하나이기 때문에 부동산을 공부하다 보면 자연스럽게 경제와 정치 흐름을 읽으려는 노력도 하게 됩니다. 부동산이라고 해서 모든 게 투기로 이어지지는 않습니다. 부동산 재테크가 꼭 주택 수를 늘리는 일만은 아니며 나중에는 부동산에 국한되지 않고 다양한 분야의 경제를 공부하는 발판이 됩니다.

확실한 내 집, 입주권

청약 당첨이 내 맘 같지 않고 여러모로 당첨 가능성이 낮으면 입주권으로 눈을 돌리게 됩니다. 입주권이란 재개발, 재건축과 같은 정비사업이 진행되는 구역에 주택이나 토지를 보유하고 있던 원주민들이 조합원 자격으로 새 아파트에 입주할 수 있는 권리입니다. 영화니 드라마에서 주택을 철거하려는 업체와 원주민이 싸우는 장면이 종종 소재로 사용되곤 하는데 그것이 정비사업의 전부는 아니지만 그런 과정을 통해 낙후된 지역을 개선하는 사업입니다. 기반시설이 열악하고 노후한 건축물이 밀집한 지역의 주거 환경을 개선하는 것이 재개발, 기반시설은 양호하지만 안전진단에 따라 오래되어 불량한 건축물이 밀집한 지역의 주거 환경을 개선하는 것이 재건축입니다. 재개발은 주택 단지를, 재건축은 아파트를 철거하고 새 아파트를 짓는다고 생각하면 쉽습니다.

정비사업은 크게 기본계획 수립, 정비계획 수립, 조합설립 추진위원회 구성, 사업시행 인가, 시공사 선정, 분양공고, 관리처분계획 인가, 착공 및 준공, 조합 청산의 과정을 거칩니다. 끝까지 분양을 신청하지 않고 반대한 사람은 현금청산자가 되어 보상을 받고 나갑니다. 이때 보상금액이 기대에 미치지 못하면 사업을 반대하며 버티는 비대위를 형성할 수 있고 영화나 드라마에서 봤던 장면이 실제로 일어날 수 있습니다.

조합원이 보유한 주택, 건물, 토지 등은 새 아파트에 대한 권리가를 산출하기 위한 감정평가를 받습니다. 이 권리가를 통해 해당 조합의 지분도 나옵니다. 이후 조합은 시공사를 결정하고 조합원 분양가를 결정해 조합원 분양을 실행합니다. 이때 분양가에서 권리가를 제외한 만큼이 조합 개인의 부담금입니다. 조합원 분양이 완료되고 잔여세대에 대해 일반 분양을 진행합니다. 이때 일반인들은 청약을 통해 아파트 분양을 받게 됩니다.

조합원 분양가와 일반 분양가 차이가 클수록 조합 수익은 올라 갑니다. 정비사업에서는 이를 비례율로 계산합니다. 어느 사업지 비례율이 100%를 넘어섰다면 그만큼 조합 수익에 플러스가 있는 것으로 그 비용으로 단지 조성을 업그레이드하거나 조합원 혜택을 더 늘리거나 또는 최종적으로 사업이 완료되고 입주를 하면 조합원들에게 n분의 1로 분배할 수도 있습니다. 비례율은 '(분양이익 − 총사업비)÷종전 토지 및 건축물 총 평가액 × 100'으로 계산합니다. 간단하게 계산해보자면 비례율이 각각 90%와 110%인 경우 감정평가액이 2억 원인 세대라면 2억 × 90%=1.8억 원으로 2천만 원의 추가 분담금이 발생하거나 2억 × 110% = 2.2억 원으로 2천만 원의 환급금이 발생합니다.

최종 비례율은 입주 후 조합이 청산되면서 결정되지만 비례율이 해당 단지 사업성을 판단할 수 있는 기준이므로 매수 시점에 예상 비례율과 앞으로 비례율 상승 여지를 확인하는 것이 좋습니다. 일반 분양가가 높게 책정되었고 완판되었다면 비례율이 상승할 것으로 예상할 수 있고 해당 사업지에 사업을 지연시킬 만한 이슈가 있다면 비용 지출이 발생해 비례율이 떨어질 수 있습니다. 비례율이 오를 것으로 판단되면 조합원 권리가가 높은 물건이 지분이 많기 때문에 당장 투자 비용은 더 들더라도 돌려받는 수익이 더 많으므로 좋습니다. 비례율이 떨어질 것으로 판단되면 반대로 권리가가 낮은 물건을 매수하는 게 낫습니다.

로열층, 로열동, 무상옵션 등 조합원에게 주어지는 혜택

이러한 과정에서 가장 중요한 한 가지는 조합원이 되면 치열한 청약 경쟁 없이 신축 아파트에 들어갈 권리를 우선 부여받는다는 점입니다. 그래서 신축 아파트 입주를 희망하지만 청약 점수가 낮아 경쟁력이 너무 떨어질 때는 입주권이 그 대안이 될 수 있습니다. 또 일반 분양보다 조합원 분양을 먼저 진행하기 때문에 원하는 평형과 좋은 동호수를 선점할 수도 있습니다. 조합원은 선호도가 낮은 저층을 제외하고 추첨하는 경우가 많기 때문입니다.

조합원 분양에서도 일부 타입에 수요가 몰려 경쟁이 발생할 수 있는데 그때는 권리가 순으로 추첨합니다. 조합원에게는 무상 지원 혜택도 있습니다. 사업지마다 다르지만 기본적으로 이주비 지원금이나 이주비 무이자 대출 등이 있고 세대마다 발코니 확장, 일부 빌트인 가전 등이 제공됩니다. 조합원에 한해 중도금대출이자나 취득세를 지원해주는 곳도 있습니다. 비례율이 높은 단지일수록 이러한 혜택 규모는 더 커집니다.

그래서 청약에 지친 사람들은 미리 개발 지역을 찾아 조합 물건을 사두려는 움직임을 보입니다. 또 집값이 올라 미래 일반 분양가가 높게 책정될 것을 고려해 시세 차익을 기대하는 투자 목적으로 선점해두기도 합니다.

그러나 입주권이 무조건 좋은 것은 아닙니다. 정비사업의 가장 큰 위험성은 사업 지연입니다. 주민들이 모두 동의하고 원활하게 사업이 진행되다가도 어떤 변수로 공사가 지연되거나 소송에 휘말릴 수 있고 일반 분양이 성공적이지 못하면 그 부담금은 고스란히 조합원들이 떠안습니다. 또 분양권은 계약금과 중도금, 잔금이 일정에 따라 나뉘어져 있어 일반적으로 분양권을 매수할 때는 매도인에게 계약금과 프리미엄만 지불하면 명의를 가져올 수 있지만 입주권은 권리가액과 프리미엄을 모두 지불해야 하므로 목돈이 들어갑니다.

예를 들어 부동산 매물로 권리가 1억 8천만 원인 입주권과 해당 정비사업 일반 분양권이 있습니다. 이 아파트의 조합원 분양가는 4억 원, 일반 분양가는 5억 원이었고 현재 시세는 7억 원에 형성되어 있습니다. 보통 입주권은 매수인 입장에서 당장 들어가는 현금이 많기 때문에 분양권보다 시세가 약간 저렴합니다. 입주권에는 프리미엄 2억 5천만 원이, 분양권에는 프리미엄 2억 원이 붙어있습니다. 그럼 입주권을 매수할 때는 권리가 1억 8천만 원에 프리미엄 2억 5천만 원을 더한 약 4억 3천만 원이 필요합니다. 분양권은 계약금 5천만 원과 프리미엄 2억 원을 더한 2억 5천만 원이 필요한 것과 차이가 큽니다. 또 매수 시점에 해당 정비사업이 철거가 진행된 상태라면 건물이 모두 부서졌기 때문에 주택 취득세 1.1%가 아니라 토지 취득세 4.6%가 부과되는 점도 당장 취득세가 부과되지 않는 분양권과는 큰 차이입니다. 재산세 역시 부과됩니다.

이러한 점을 고려해 청약에 도전할지, 분양권을 매수할지, 입주권을 매수할지 따져보아야 합니다. 확실하게 신축 아파트 입주가 보장되는 입주권을 매수하기로 했다면 권리가, 조합원 분양가, 현재 사업 진행상황과 비례율, 비례율의 상승 여지 등을 꼭 확인해보시기 바랍니다.

마지막으로 입주권을 매수할 때는 매수 시점도 중요하게 생각해야 합니다. 정비사업은 그 진행 상황에 따라 단계적으로 프리미엄이 상승합니다. 사업이 진행될수록 그 윤곽이 드러나면서 확정적인 사업이 되기 때문에 그렇습니다. 입주권은 함부로 사는 게 아니라는 말을 들어 보셨을 겁니다. 많은 과정 중 하나라도 삐걱거리기 시작하면 사업 기한은 끝도 없이 늘어지는 위험성을 안고 있습니다.

리스크가 큰 입주권, 안정적으로 투자하고 싶다면

정비사업의 최악의 리스크는 사업 중단입니다. 투자 위험을 줄이고 싶다면 사업이 중단되기 어려운 시점에 투자하는 게 좋습니다. 일반적으로 관리처분계획 인가 전후를 그 시점으로 봅니다. 관리처분계획이란 조합원 분양 내역과 일반 분양계획, 그에 따른 정비사업 비용 추산액과 조합원의 부담 규모 등을 확정하는 단계입니다. 주거지 철거와 착공을 준비하는 단계이기 때문에 사업이 중단될 가능성이 매우 낮습니다. 그렇기 때문에 프리미엄이 높게 치솟는 시기이기도 합니다.

안정적으로 투자하고 싶다면 투자 비용이 더 들더라도 사업 진행이 확실한 시점을 확인한 다음에 투자할 수 있습니다. 관리처분계획 인가 후 해당 구역에 펜스가 세워지고 철거가 시작되면 이 사업시에 대한 주변 기대감이 높아지고 관심을 받기 시작합니다. 이 분위기에 따라 일반 분양가가 높게 책정되고 완판이 이루어지면 입주권 프리미엄 또한 상승합니다. 관리처분계획 인가 전후, 일반 분양 공고가 나기 전 입주권 매수금액과 예상 분양가를 고려해 들어가면 조금 더 확실한 투자를 할 수 있습니다.

반면에 리스크가 있지만 프리미엄이 낮은 시기에 공격적으로 투자해 높은 수익을 낼 수도 있습니다. 관리처분계획 인가 전 단계에 미리 진입하는 방법입니다. 이 시기 진입은 정보력 싸움으로 볼 수도 있습니다. 조합이 얼마나 적극적으로 이 사업을 추진하고 있는지, 사업이 지연될 만한 이슈가 있는지, 지자체에서 이 지역 개발에 얼마나 협조적인지 등 여러 관점에서 파악한 뒤에 들어갑니다. 입주권 매수 시기는 이런 부분을 고려해 본인의 투자 성향에 따라 결정하시기 바랍니다.

PART 3

"청약 당첨을 축하드립니다"
자금 마련과 입주 준비

자금계획,
DTI는 뭐고 LTV는 뭐지?

청약에 당첨되셨다고요? 진심으로 축하드립니다. 청약통장으로 입장권을 받아 여기저기 도전한 결과 드디어 한 아파트에 자신의 도장을 꽉 찍게 되었군요. 어렵게 청약에 당첨되고 나면 이제 내 집 마련 실전 단계로 들어섭니다. 당첨부터 입주까지, 무엇을 어떻게 얼마나 준비해야 할까요?

일반적으로 아파트를 매수할 때 매도인과 계약을 체결하며 계약금을 지불하고 중도금을 협의하고 잔금일에 잔금을 모두 지불한 뒤 등기를 합니다. 분양권도 그 과정이 크게 다르지 않습니다. 거래가인 분양금액을 계약금, 중도금, 잔금으로 나누어 지불하고 입주합니다. 다만 분양권은 그 거래 상대가 건설사이고 계약 이행 기간이 길기 때문에 절차상 다른 점이 있습니다.

대금 납부 절차, 미리 준비해야 낭패보지 않는다

① 계약금 납부

당첨자 발표 후 한 달 이내에 계약을 진행합니다. 모델하우스 등 지정된 장소에서 일정 기간동안 이루어지며 이때 계약서를 작성하고 계약금을 납부합니다. 계약금은 분양가의 10%가 일반적이지만 경우에 따라 20%인 곳도 있고, 1차와 2차로 나누어 납부하는 곳도 있습니다. 이는 청약 기간에 입주자 모집공고에서 미리 고지하므로 청약을 넣기 전에 당첨이 되면 해당 금액을 바로 준비할 수 있는지 여부를 확인해야 합니다.

② 중도금

계약서를 쓰고 한두 달 안에 다시 건설사로부터 중도금 안내를 받습니다. 중도금이란 전체 계약금액 중 잔금 전 일부를 지불하는 것입니다. 그런데 아파트 준공까지는 약 3년의 시간이 필요하기 때문에 중도금을 일시에 납부하지 않고 3개월에 한 번씩 분양가의 10%를 6번에 걸쳐 분납합니다. 현금으로 직접 납부해도 되지만 중도금 대출을 신청할 수도 있습니다. 청약은 아파트 현물이 없기 때문에 담보대출의 개념이 아니라 건설사 신용으로 받는 대출이며 지정 은행에서 받습니다.

분양가 7억 원 아파트 청약 시 일반적인 대금 납부 일정

계약금 10%	중도금 60%						잔금 30%
계약 시	1회차	2회차	3회차	4회차	5회차	6회차	입주 지정기간
7천만 원	21년 1월 10일	21년 5월 10일	21년 9월 10일	22년 1월 10일	22년 5월 10일	22년 9월 10일	23년 2월 입주
	7천만 원	7천만 원	7천만 원	7천만 원	7천만 원	7천만 원	2억 1천만 원

중도금은 분양받은 아파트 가격의 60% 규모이지만 중도금을 납부하는 시점에 아파트 현물이 존재하지 않기 때문에 아파트가 준공되면 1순위로 근저당권을 설정하는 조건과 함께 시공사 보증으로 받을 수 있는 대출입니다. 따라서 개인이 은행을 찾아다니며 상

담을 통해 대출을 받는 것이 아니라 시공사가 지정한 은행에서 분양자들 모두 일괄로 대출을 신청하게 되어 집단대출로 불리기도 합니다. 시공사가 보증을 선 상태에서 확실하게 준공이 될 아파트를 일괄하여 다루므로 은행에서는 위험성이 낮다고 판단해 분양자 개개인의 상환 능력보다는 기본적인 신용만 있으면 대출을 실행해 준다는 특징이 있습니다. 일반적으로 중도금대출 이자는 후불제로, 상환 시 납부하는 경우가 많고 시공사의 재량에 따라 중도금대출 무이자 혜택을 제공하기도 합니다.

중도금 대출을 신청할 세대는 안내에 따라 명의자의 소득 증빙 서류를 준비합니다. 근로소득 원천징수 영수증, 국민연금보험료 납입증명서, 신용카드 사용액 등으로 확인할 수 있습니다. 대출이 승인되면 중도금이 6회에 걸쳐 자동 납부됩니다. 투기과열지구는 중도금 대출이 40%까지만 가능하기 때문에 4회는 대출, 2회분은 현금을 준비해야 합니다. 또 건설사에 따라 중도금 대출을 일부만 실행하고 나머지 지정 회차에 대해서는 현금으로 납부해야 하는 경우도 있습니다. 이때는 반드시 일정을 확인하고 현금을 준비해 해당 시기가 되면 납입해야 합니다.

참고로 중도금 대출은 승계가 가능합니다. 중도금 대출을 받은 상태에서 분양권을 전매할 때 매수인은 그 상태 그대로 승계해 분양권을 유지할 수 있습니다. 반대로 최초 계약자가 중도금 대출을 받지 않았다면 매수인도 중도금 대출을 받을 수 없기 때문에 분양권을 매수하는 경우라면 중도금 대출 내역도 확인해야 합니다.

중도금 대출 상환 시기는 중도금 납입이 종료되는 입주 지정기간 시작일부터입니다. 입주일을 정하는 대로 대출을 상환해 잔금을 지불하고 들어가는 겁니다. 중도금 대출금과 대출 기간 동안의 이자를 더한 금액을 한꺼번에 상환합니다. 보통 입주까지 두 달 정도 주어지는데 중도금 대출이자를 고려한다면 빨리 입주해야 조금이나마 대출이자를 줄일 수 있습니다. 간혹 중도금 대출 무이자 혜택을 제공하는 아파트도 있습니다. 무이자라면 3년의 기회비용을 생각할 때 대출을 받는 게 유리합니다.

③ 잔금

드디어 기다리던 아파트가 완공되어 입주 기간이 지정되면 납부해야 할 잔금은 중도금 대출 상환금 60%와 분양 잔금 30%입니다. 개인 자금 상황에 따라 현금으로 모두 지불하고 입주할 수도 있고 총 90% 중 일부를 주택담보대출로 전환하고 나머지를 현금으로 상환하면서 입주할 수도 있습니다. 입주 시점의 주택담보대출은 분양가가 아니라 그 시기 KB 부동산 시세를 기준으로 합니다. 가령 3년 전 분양가가 5억 원이었던 아파트는 입주 시점 KB 부동산 시세가 6억 원이 되었습니다. 이때는 6억 원을 기준으로 무주택자라면 최대 60~70%까지 담보대출을 받을 수 있습니다. 개인 한도와 경제 사정에 맞게 입주 시기 대출 활용 계획을 세워 보기 바랍니다.

분양금액 외 발생하는 비용도 고려해야 합니다. 중도금 대출 이자, 옵션 계약금, 취득세, 등기비 등입니다. 분양가의 5% 이상을 추가비용으로 생각하고 준비해야 합니다. 발코니 확장, 빌트인 가전, 시스템 에어컨, 붙박이장 등의 옵션을 신청하는 경우 그에 대한 계약금 10%를 계약 시점에 지불합니다. 옵션 역시 중도금이 있으며 아파트 잔금을 치를 때 옵션도 함께 치러야 합니다. 특히 발코니 확장은 말만 옵션일 뿐 요즘 필수로 신청하는 항목이며 1,500만 원대 전후로 비용이 가장 큽니다. 시스템 에어컨 설치도 필수 옵션이 되어 가고 있어 분양가와 별도로 꼭 준비해야 하는 금액입니다.

분양권 상태에서는 건설사 앞으로 세대 등기가 되어 있다가 잔금과 함께 본인 앞으로 등기를 이전해옵니다. 이때 발생하는 취득세, 등기비 등까지 모두 더하면 분양가 외에도 수천만 원이 필요하니 결코 간과해서는 안 될 금액입니다.

결론적으로 청약은 자신이 관리할 수 있는 적절한 분양가를 정하고 그에 맞는 계약금이 기본적으로 준비되어 있을 때 넣어야 합니다. 중도금 대출을 위한 소득 증빙 또한 가능해야 합니다. 3년이 짧은 시간은 아니지만 큰돈을 마련하기에 아주 긴 기간도 아니므로 계약 시점부터 입주 때 드는 금액을 계획해두는 것이 좋습니다.

현재 거주하고 있는 주택을 매도할 것인지 임대를 주고 그 보증금을 활용할 것인지, 전세금을 빼서 입주한다면 금액이 충분한지 등을 계산해보길 바랍니다. 담보 대출을 활용한다면 본인의 LTV, DTI 수준도 알고 있어야 합니다.

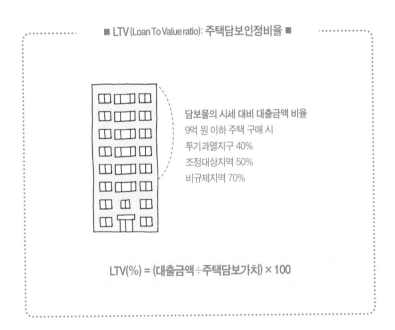

■ LTV(Loan To Value ratio): 주택담보인정비율 ■

담보물의 시세 대비 대출금액 비율
9억 원 이하 주택 구매 시
투기과열지구 40%
조정대상지역 50%
비규제지역 70%

LTV(%) = (대출금액 ÷ 주택담보가치) × 100

지금 살고 있는 주택 가격이 4억 원이고 조정대상지역이라 LTV가 50%라면 최대 2억 원까지 대출이 가능합니다.

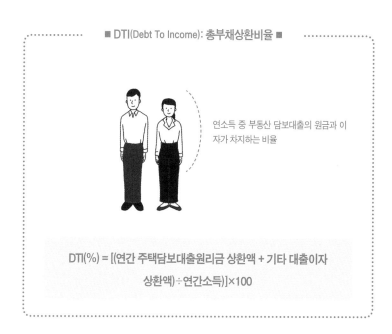

■ DTI(Debt To Income): 총부채상환비율 ■

연소득 중 부동산 담보대출의 원금과 이자가 차지하는 비율

DTI(%) = [(연간 주택담보대출원리금 상환액 + 기타 대출이자 상환액) ÷ 연간소득)] × 100

만일 자신의 연봉이 7천만 원이고 연간 주택담보대출 원리금 상환액이 1,800만 원이며, 기타 대출이자가 240만 원일 때 현재의 DTI는 어떻게 될까요? 2,040÷7,000 × 100 = 29.1%입니다. 금융기관에서 DTI 한도를 50%로 설정한 경우 기존의 DTI 30%를 제외하고 남은 약 20%인 연간 주택담보대출 원리금 상환액인 1,477만 원

수준까지 추가 대출이 가능합니다. 금리를 3%로 잡고 대략 계산하면 가능한 대출 금액은 약 2억 5천만 원 정도입니다.

수도권을 중심으로 청약 당첨은 로또라는 분위기가 강하게 일어나고 있습니다. 하지만 그 이면에 결국 비용 때문에 당첨을 포기하는 경우도 많습니다. 어렵게 당첨된 청약을 눈 앞에서 포기하는 것만큼 힘든 일도 없습니다. 계약금조차 마련하기 어려운 상황이라면 분위기에 휩쓸리지 말고 청약은 잠시 미뤄두는 게 낫습니다.

주변에서 전매가 긴 분양권에 덜컥 당첨되어 급하게 신용대출로 계약금을 메우고 돌아서자마자 잔금을 걱정하는 경우를 꽤 봤습니다. 전매가 길어 팔지 못하고 입주도 어려운데 전세가는 입주 물량 폭탄으로 분양가만큼 맞출 수 없을 것 같아 불안한 하루하루를 보내는 경우입니다. 청약의 본래 기능을 잃어버리고 당첨의 기쁨도 맘껏 누리지 못하는 안타까운 상황입니다.

마이너스 통장, 중도금 대출, 잔금 대출은 모두 적절하게 활용할 수 있으면 집을 마련하는 데 있어서 좋은 제도입니다. 하지만 무리하는 순간부터 리스크는 걷잡을 수 없이 커져만 갑니다. 청약을 하기 전에 이러한 과정을 이해하고 본인이 얼마만큼 준비가 되어 있는지 확인해보기 바랍니다.

두근거리는 사전 점검

아파트 분양에 당첨되어 입주를 앞둔 사람들은 사전 점검일을 기대합니다. 사전 점검이란 아파트가 준공되기 전에 방문해 시공 상태와 단지 조성 등을 확인하는 일입니다. 특히 세대마다 하자는 없는지 앞으로 살게 될 사람들이 직접 꼼꼼히 점검하는 게 주요 목적입니다. 이때 하자를 발견하고 접수해야 수리가 되어 문제없이 입주할 수 있기 때문에 중요한 과정입니다. 일반적으로 사전 점검은 입주 예정일 한두 달 전에 실시하고 주말을 포함해 2~3일 정도의 기간을 줍니다. 기간이 길지 않기 때문에 미리 무엇을 할지 계획을 세우고 가면 좀 더 효율적으로 집을 점검할 수 있습니다.

사전 점검 준비하기

세대마다 사전 점검을 위한 기본적인 정리가 되어있지만, 이제 막 공사가 끝난 상태이고 아직 세세한 부분들은 시공이 진행 중인 경우도 있습니다. 따라서 내부에 공사 먼지가 많이 쌓인 상태입니다. 꼼꼼한 확인을 위해 계속 움직여야 하므로 편한 옷을 입고 가는 게 좋습니다. 호흡기가 민감하다면 마스크 착용도 필수입니다. 빌트인 가구들을 직접 열어보고 벽지를 확인하는 등 손을 쓰는 일도 많기 때문에 안전을 위해 장갑도 가져가면 좋습니다.

■ 사전 점검 준비물 ■

편한 복장, 마스크, 장갑, 간이의자나 돗자리
핸드폰 충전기, 큰 텀블러나 바가지, 줄자, 수평계, 볼펜, 포스트잇 등

사전 점검은 모델하우스를 보듯 집을 구경하는 게 아닙니다. 서

입주자협의회에서 나눠준 사전 점검 키트

랍을 일일이 열어보고 전기 스위치부터 수도꼭지, 물 빠짐, 문 손잡이 등등 하나하나 꼼꼼하게 확인하기 때문에 생각보다 시간이 꽤 소요됩니다.

우리 부부가 26평 아파트 사전검검을 할 때는 약 세 시간이 걸렸습니다. 가구가 하나도 들어와 있지 않은 상태이고 바닥에도 먼지가 많아 앉을 곳이 없어 힘들었던 기억이 납니다. 뒤늦게 자동차 트렁크에 실려 있던 캠핑 돗자리를 부랴부랴 가져와 깔고 나서야 커피를 마시며 쉴 수 있었습니다. 간이의자나 돗자리를 챙겨 가면 긴 시간동안 훨씬 편하게 점검할 수 있을 겁니다.

새시 안쪽 손잡이가 고장나 열리지 않았던 문 　　문틀 콕!

벽지에 긁힌 자국 　　양쪽 구멍 높이가 달라 기우뚱한 선반

　　사전 점검을 도와줄 몇 가지 아이템도 있습니다. 바로 핸드폰 충전기와 물을 담을 수 있는 텀블러나 바가지입니다. 충전기는 전기공사가 잘 되었는지 확인하는 데 필요합니다. 콘센트마다 핸드폰을 연결한 충전기를 꽂아 전기가 잘 들어오는지 확인할 수 있습니다. 전기 연결 상태를 눈으로 직접 확인하는 간편한 방법입니다.

　　텀블러나 바가지는 욕실 바닥공사 확인을 위해 필요합니다. 욕실 바닥은 세면대 아래 배수구 방향으로 살짝 기울어지게 시공이 되어야 합니다. 그래야 바닥에 물이 고이지 않고 잘 흘러갈 수 있기 때문입니다. 가져간 텀블러나 바가지에 물을 가득 담아 욕실 문 쪽에서 한번 부어봅니다. 물이 배수구까지 흘러 빠져나갈 정도의 양이여야 하니 충분한 크기로 잘 챙겨 가기 바랍니다. 물이 배수구 방향으로 잘 흘러가 빠지면 정상입니다. 수평계로 확인할 수도 있지만 경사가 크게 진 게 아니다 보니 구분하기가 애매해 직접 물을 흘려보내 확인하는 게 더 편했습니다. 요즘은 물 빠짐에 문제가 있을 정도의 하자는 잘 발견되지 않는다고는 하지만 그래도 눈으로 한번 더 확인해보기를 권합니다.

이 외에 기본적으로 사전검검에 필요한 물품은 입주자협의회나 사전검검일에 홍보를 나온 업체 등에서 나눠주는 경우가 많습니다. 사전검검 키트라고 해서 줄자, 수평계, 볼펜 등이 담긴 가방을 선물로 나눠줍니다. 처음 사전 점검을 갔을 때는 혹시나 해서 볼펜과 줄자 정도는 챙겨 갔지만 키트를 두 세트나 받은 뒤에는 위의 기본 물품들은 굳이 챙기지 않게 되었습니다. 사전 점검 키트를 사야 하나 고민하는 분들이 있다면 그럴 필요는 없다고 말하고 싶습니다.

할 일이 많은 사전 점검 체크 포인트

미리 점검 사항을 챙겨도 막상 현장에 가면 놓치는 부분이 있게 마련입니다. 지금부터 무엇을 체크해야 할지 하나씩 살펴보겠습니다. 아파트에 들어서면 가장 먼저 새집을 처음 보는 설렘을 만끽합니다. 전체적인 구조와 인테리어 등을 충분히 구경한 다음 다시 현관으로 돌아와 이제 본격적으로 사전 점검을 시작합니다.

- 현관문에 긁힘이나 손상은 없는가
- 현관문을 여닫는 데 문제는 없는가
- 현관 타일은 깨진 곳 없이 시공되었는가
- 신발장 선반이 올바르게 시공되었는가
- 벽지가 손상되거나 얼룩이 남은 부분은 없는가
- 걸레받이 마감이 잘 되었는가
- 바닥에 찍힘이나 손상이 없는가
- 욕실 타일, 욕조, 수납장 등의 시공이 잘 되었는가
- 세면대 물 빠짐, 변기 물 내림, 바닥 기울기 등 배수는 괜찮은가
- 각종 가구가 손상 없이 시공이 잘 되었는가(요즘은 대부분 수납장에 문 닫는 속도를 조절해주는 댐퍼가 들어가므로 문이 천천히 조용하

게 닫히는지 모두 확인)

- 각 방의 문, 창문, 섀시를 열고 닫으며 손잡이와 잠금장치 시공 확인, 문틀 손상이 없고 방충망이 찢어지지 않았는가
- 모든 조명 켜보기, 콘센트 전기 연결 상태 확인, 거실 디지털 패드 작동해보기(카메라 상태, 현관문 열기, 엘리베이터 부르기, 조명과 난방 컨트롤 등)

들어가자마자 보일러를 트세요

사전 점검을 위해 아파트를 방문하면 입주지원센터에서 사전 점검표와 하자 부분에 붙일 포스트잇을 줍니다. 문제를 발견한 곳에 포스트잇을 붙여 위치를 표시하고 그 내용을 사전 점검표에 써야 합니다. 확인하랴 붙이랴 적으랴 은근 일이 많습니다. 그래서 사전 점검은 2인 1조로 하는 게 좋습니다. 한 사람이 하자를 확인하고 알려주면 나머지 한 사람이 뒤에서 그 내용을 쓰고 포스트잇을 붙이면서 한 번 더 확인한 후 이동하는 겁니다. 3인 1조가 가능하다면 두 사람은 하자를 점검하고 나머지 한 사람은 모든 콘센트에 충전기를 꽂아보며 전기와 조명을 확인할 수도 있습니다.

그리고 집에 들어가자마자 보일러를 작동시켜야 합니다. 한 번

도 사용한 적 없기 때문에 보일러를 켜도 온도가 올라오는 데는 한참이 걸립니다. 특히 입주 시기가 겨울이라면 건물 온도가 많이 내려간 상태라 더 그렇습니다. 점검을 시작하기 전에 보일러를 켜두면 점검을 모두 끝낸 뒤 온도가 잘 올라왔는지 바닥을 만져보며 확인할 수 있습니다.

이렇게 사전 점검일에 하자를 확인해 접수하면 각 담당자들이 입주 전에 보수를 진행합니다. 하자 보수가 되었는지 한 번 더 확인하고 싶거나 입주해서 살기에 문제가 있을 만큼 중대한 하자가 있었다면 입주 전에 다시 방문해 제대로 처리되었는지 보고 아직 처리가 안 되었다면 입주지원센터에 말해야 합니다.

사소한 부분은 하자 처리가 안 되기도 하고 처리 속도가 느린 경우도 있습니다. 신축 아파트는 사전 점검에서 해결되지 않은 문제가 있거나 살면서 또다른 하자가 발생하면 입주 후에도 일정 기간 동안 보수 서비스를 받을 수 있습니다. 입주해서 사는 동안에도 여러 하자가 발생할 수 있으니 입주 초반에는 꼼꼼하게 집 상태를 살피시기 바랍니다.

아파트 옵션, 어디까지 해야 할까?

얼마 전까지도 시스템 에어컨은 할까 말까 고민하게 되는 옵션이었는데 요즘은 거실과 안방 정도는 기본으로 넣는 추세입니다. 인테리어에 신경 쓰는 젊은 세대에게는 툭 튀어나와 자리를 차지하는 에어컨보다 천장에 매립된 시스템 에어컨이 훨씬 깔끔해 보인다는 점에서 선호도가 높습니다. 또 시스템 에어컨 여부가 세입자를 받는 데도 한몫 합니다. 이왕이면 에어컨이 옵션으로 설치된 집에 들어가고 싶어 하기 때문입니다.

저도 얼마 전 임대 목적으로 분양권을 보유해온 아파트가 입주를 시작해 세입자를 구했습니다. 굳이 시스템 에어컨 옵션을 넣지 않았는데 집을 보러 오는 사람마다 시스템 에어컨을 물어보기에 뒤늦게 설치를 했습니다. 그러자 집이 금세 나갔습니다. 아마 나중에 매도할 때에도 시스템 에어컨 여부는 매수인의 확인 대상이 될 것 같습니다. 물론 에어컨이 있다고 해서 전세가나 매매가에서 확연한 차이가 나는 것은 아닙니다. 하지만 이왕이면 입주할 때 설치하는 것이 여러모로 유리합니다.

빌트인 가전가구는 취향껏

모델하우스 속 주택들은 집이 군더더기 없이 깔끔합니다. 여기에는 두 가지 이유가 있습니다. 첫 번째는 일반 사이즈보다 작은 가구들로 배치되어 공간이 더 넓어 보이는 것이고, 두 번째는 컬러가 통일된 빌트인 가전가구들 덕분입니다. 냉장고까지 올 화이트로 통일감을 준 주방을 보면 이렇게 꾸미고 싶다는 마음이 절로 듭니다.

또 안방이나 작은 방 붙박이장은 굳이 장롱을 새로 사느니 옵션으로 추가하는 게 효율적일 수 있습니다. 이러한 가전가구는 온전히 계약자 본인의 취향에 따르므로 특히 본인이 오래 살 계획의 집이라면 자유롭게 선택하면 됩니다.

그러나 가전을 선택할 때 한번 생각해봐야 할 것이 있습니다. 가전은 일반적으로 이사할 때마다 새로 사는 품목이 아니기 때문에 빌트인으로 넣으면 나중에 집을 팔거나 임대를 줄 때 처치 곤란이 될 수 있습니다. 가스렌지 대신 인덕션이나 쿡탑으로 변경하거나 음식물 쓰레기 자동 분쇄기를 설치하는 등 소형가전은 크게 상관이 없지만, 냉장고나 김치냉장고는 새로 들어올 사람에게 필요 없는 옵션이라고 해서 떼서 가져갈 수는 없기 때문입니다.

또 빌트인으로 들어가는 가전은 건설사가 일괄로 구매하기에 에너지 등급이 떨어지거나 오래된 품목을 들여놓는 곳도 있다고 하니 제품 제조년도와 성능을 잘 확인하시기 바랍니다.

반대로 마이너스 옵션을 제공하는 아파트도 있습니다. 마이너스 옵션을 선택하면 분양가에서 일부 금액이 감액되며 기본적으로 제공하는 도배, 바닥재, 마감재, 싱크대 등을 빼고 골조 공사와 기본 마감만 된 상태로 집을 받게 됩니다.

인테리어 감각이 좋고 천편일률적인 아파트 공간이 싫다면 마이너스 옵션으로 빈 공간을 채워 나갈 수 있습니다. 원하는 색감과 마감재로 집을 꾸미고 원하는 위치에 가전과 가구를 배치할 수 있다는 장점이 있습니다.

공동구매의 기회

고민하다가 옵션 선택 기간을 놓쳤다고 해서 영영 기회가 없는 건 아닙니다. 입주 시점이 되면 입주자협의회, 입주박람회 등을 통해 공동구매가 진행되는 품목들이 많습니다. 시스템 에어컨, 붙박이장 등 기본 옵션 품목은 물론 단열 필름, 중문, 줄눈, 욕실 코팅 등 신축 아파트를 위한 다양한 부분이 공동구매를 통해 조금 저렴한 가격으로 제공됩니다. 옵션 계약 시점에 놓친 품목이나 새 아파트에 꼭 하고 싶은 시공이 있다면 이때 입주자 할인 혜택을 활용하는 것도 방법이 될 수 있습니다. 시스템 에어컨은 입주 후에 설치할 경우 벽에 새로 구멍을 내야 하는 등 손상의 여지는 있습니다. 그럼에도 꼭 시공하고 싶다면 입주 전 공동구매를 통하는 것이 좋습니다.

하루 휴가 쓰고 50만 원 아끼자, 셀프 등기하기

　부동산 등기는 소유권, 저당권 등 해당 부동산에 얽힌 권리관계를 보여주는 법적인 자료입니다. 신축 아파트는 처음에 일괄적으로 건설사 앞으로 소유권 등기를 냅니다. 잔금을 모두 치른 뒤에야 비로소 계약자인 본인 앞으로 소유권 이전 등기를 할 수 있습니다.

　보통은 입주자협의회와 사전 계약한 법무사를 통해 단체 등기를 신청할 수 있지만 시간 여유가 있다면 비용을 줄일 수 있는 셀프 등기에 도전해볼 만합니다. 법무사 비용 50만~60만 원을 절약할 수 있습니다.

셀프 등기 신청은 서류 준비, 관공서 대기 시간 등을 고려하면 빠르면 반나절, 길게는 하루의 시간이 필요합니다. 저도 분양권과 일반 주택의 소유권 이전 등기를 직접 해보았는데 부동산에 관심이 있다면 한 번쯤 경험해보는 것도 좋습니다.

부동산 매매 거래를 통해 매도인은 등기를 넘겨주어야 할 등기의무자가 되고, 매수인은 등기를 할 권리가 있는 등기권리자가 됩니다. 원래 등기의무자와 등기권리자가 같이 등기를 신청해야 하지만 등기를 위해 또 만나 처리하는 과정이 번거롭기 때문에 일반적으로 매수인인 등기권리자가 등기의무자에게 위임을 받아 단독으로 등기를 신청합니다.

그래서 등기를 진행하기 전에 매도인으로부터 위임장과 인감증명서, 등기필증 등의 자료를 먼저 받아야 합니다. 일반 주택이라면 잔금일에 매도인으로부터 받으면 되지만 분양권의 경우는 건설사에 요청해야 하기 때문에 잔금을 치르기 전에 사무실로 전화해 셀프 등기를 위한 등기 서류가 필요하다고 말해야 합니다. 서류를 받는 데 약 일주일 정도가 걸리기 때문입니다. 잔금일에 맞춰 서류를 받는다면 바로 등기를 진행할 수 있어 편합니다.

등기 절차는 다음 표와 같습니다.

셀프 등기 절차

절차	장소	필요 서류	비고
취득세 신고	시청 또는 구청, 위택스	매매계약서, 부동산거래 신고필증, 잔금 영수증, 취득세 신고서	거래 금액에 따라 취득세를 신고합니다. 취득세 신고서는 시청과 구청에 쓰는 방법과 함께 비치되어 있습니다. 또는 위택스에서 온라인으로 처리할 수도 있습니다. 그러나 분양권은 아직 주택 등록이 안 된 경우가 많아 온라인 신고가 어려울 수도 있습니다.
취득세 납부	은행, 위택스		취득세를 신고하면 바로 고지서를 발급해줍니다. 은행에서 카드 또는 현금으로 납부합니다. 온라인으로 신청한 경우 바로 결제까지 가능합니다. 취득세 납부 영수증은 등기 신청할 때 필요하므로 잘 보관합니다.
국민채권매입	은행 (우리, 국민, 기업, 농협, 신한)		부동산공시가격 알리미에서 주택 시가표준액을 확인해 채권을 매입해야 합니다. 신축 아파트는 공시가격이 조회되지 않기 때문에 취득세 고지서의 시가표준액을 확인하거나 담당 공무원에게 확인해야 합니다. 주택도시기금 사이트를 통해 매입할 수 있습니다.
수입인지세 납부	전자수입인지, 우체국, 은행		부동산 거래 건당 약 15만 원입니다.
등기신청 수수료 납부	인터넷등기소, 등기소		등기를 신청하기 전 신청 수수료를 납부합니다. 건당 약 1만 5천 원입니다.

등기소에 등기를 최종 접수할 때는 앞의 절차에 따라 발급한 모든 자료와 함께 소유권 이전 신청서를 작성해 관할 등기소에 제출합니다. 이로써 등기 신청 절차가 마무리됩니다.

아파트 셀프등기 최종 제출 서류

· 소유권 이전 신청서
· 매도인 서류 일체(위임장, 인감증명서, 등기필증 등)
· 매도인이 법인일 경우(건설사 등) 법인등기부등본 1부
· 매수인 등초본 각 1부
· 신분증, 인감도장
· 매매계약서 원본
· 부동산거래신고필증
· 토지대장, 건축물대장
· 취득세 납부 영수증
· 국민채권 매입 영수증
· 수입인지 납부 영수증
· 등기신청수수료 납부 영수증

각 과정에서 온라인으로 준비할 수 있는 것들이 많아 생각보다 간단합니다. 등기를 신청하는 소유권 이전 신청서도 인터넷 등기소에서 다운받아 집에서 미리 작성할 수 있습니다. 작성 방법도 안내가 되어있기 때문에 등기소에 가서 수기로 쓰는 것보다 시간을

절약할 수 있습니다. 과정에서 시가표준액, 채권, 인지세 등 개념이 생소해 처음에는 시간이 걸리지만 한 번만 해보면 그 다음부터는 그다지 복잡하게 느껴지지 않습니다.

또 등기소에 가면 등기를 신청하기 전에 서류를 검토해주는 안내 창구가 있습니다. 그곳에서 먼저 서류를 검토한 뒤 혹시 빠진 부분이 있다면 보완해서 접수할 수 있습니다. 등기 신청 후에도 혹시 문제가 있다면 등기소로부터 연락이 오고 별다른 문제가 없다면 약 10일 내로 등기를 받을 수 있습니다.

부동산 실거래가 신고하기

부동산 거래가 이루어지면 매매 계약을 체결한 날로부터 30일 이내에 실거래가를 신고해야 합니다. 만약 거래 계약이 해제, 취소되었을 때에도 마찬가지로 그 확정일로부터 30일 이내에 그 사실을 신고해야 합니다. 위반 시 과태료가 부과됩니다. 부동산 실거래가 신고는 국토교통부 부동산거래관리시스템(rtms.molit.go.kr)에서 이루어집니다. 공인중개사가 중개한 경우에는 공인중개사가 신고하고 그 확인서를 매도인과 매수인에게 발급해줍니다.

직거래한 경우라면 매도인과 매수인 중 한 사람이 신고하고 두 사람 모두 공인인증서로 전자서명을 해야 합니다. 시세를 파악하기 위해 실거래를 조회할 때에는 국토교통부 실거래가 공개시스템이나 네이버부동산, 호갱노노 등 부동산 서비스 사이트를 통해 확인할 수 있습니다.

입주할 수 없게 된다면?

높게 올라가는 아파트를 보며 언제 다 지어지나 했던 게 어느덧 입주일이 되었습니다. 일반적으로 주택을 매수할 때는 계약금을 내며 계약서를 쓰고 중도금을 협의하고 잔금일에 잔금을 지불하면서 온전한 소유권을 가져옵니다. 분양권도 마찬가지입니다. 입주 기간이 지정되면 잔금을 내고 소유권을 이전해야 진짜 내 집이 됩니다.

그런데 분양받을 당시에는 자금 계획이 세워져 있었다가 시간

이 흘러 그 계획이 틀어지거나 피치 못할 사정으로 입주가 어려워
질 수 있습니다. 새 아파트로 넘어가려고 살고 있는 집을 내놓았
는데 매수인이 잘 구해지지 않거나 잔금일 협의가 잘 안되는 경우,
전세로 있는 집의 임대인이 사정상 보증금을 빨리 빼 줄 수 없다고
하는 경우 등이 그렇습니다. 직접 해결할 수 있는 부분이 아니기
때문에 그 과정에서 지체가 생기면 결국 잔금을 치러야 할 입주 지
정기간을 맞추지 못해 문제를 겪게 됩니다.

이럴 때는 직접 입주하지 않고 전세를 받아 잔금을 정리하거나
월세를 받으며 임대수익을 얻는 계획으로 변경할 수도 있습니다.
그런데 입주 시기에 임차인이 구해지지 않으면 또다시 문제가 생
깁니다. 이렇게 잔금을 준비하지 못하거나 입주 시기를 맞출 수 없
으면 어떻게 될까요?

저도 최근 입주를 시작한 아파트에 임차인을 구해야 했습니다.
입주 기간이 봄 이사철이라 별다른 걱정을 하지 않았습니다. 그런
데 예상치 못한 코로나19가 터지면서 임차인 구하기가 아주 어려
워졌습니다. 입주 기간 안에 이사를 들어올 임차인을 구하지 못한
다는 것은 갑자기 잔금을 준비해야 한다는 뜻이기도 합니다. 최악
의 상황을 대비해야 했습니다.

건설사가 지정하는 아파트 입주 기간은 보통 약 두 달이며 정산

해야 할 금액은 중도금, 잔금, 이자 이렇게 크게 세 가지입니다. 우선 중도금은 준공 기간 동안 6회에 나눠 납부하는 분양가의 60% 금액입니다. 각 회차별로 현금으로 납부하거나 투기과열지구, 투기지역에서는 40%까지, 나머지 지역에서는 60% 전체 대출이 가능합니다. 분양가가 9억 원을 넘어가면 대출은 불가합니다. 다음 소개하는 내용은 당첨 당시 비조정지역이었던 아파트의 대출 상환 경험담입니다. 입주를 할 때 반드시 알아야 할 중도금과 잔금 개념, 상환 방식을 이해하는 데 도움이 되길 바랍니다.

세입자를 구하며 자금 융통하기

중도금 대출은 실행 시점에 주택 현물이 없으니 은행에서 건설사 신용을 담보로 한시적으로 제공하는 대출입니다. 따라서 입주 지정기간이 정해지면 그 시작일부터 돈을 갚아나가야 하기 때문에 입주 지정기간은 곧 중도금 대출 상환 기간으로 볼 수 있습니다.

입주 시작일부터는 대출금에 매일 연체이자가 붙기 때문에 이자를 조금이라도 줄이려면 빨리 입주하는 게 유리합니다. 입주 지정기간이 종료될 때까지 중도금 대출을 상환하지 못하면 그때부터는 신용불량의 위험이 생깁니다. 대출금을 갚지 않고 연체를 이어왔기 때문에 취하는 조치입니다. 그러나 입주 종료일을 기점으로 바로 통보되는 건 아니고 보통 한 달 정도 추가로 유예기간을 줍니다. 만약 입주를 하지 못하고 임차인도 구하지 못하는 최악의 상황까지 갔을 때 수습할 수 있는 기회를 한 번 더 주는 셈입니다. 그 유예기간은 은행마다 다를 수 있으니 미리 확인해야 합니다.

다음은 잔금입니다. 계약금과 중도금을 제외한 분양가의 30% 금액이 남아있습니다. 1주택자가 기존 주택을 매도하고 새 아파트로 넘어간다면 중도금 대출을 주택담보대출로 일부 전환하고 나머지 금액을 현금으로 준비할 수 있습니다. 세입자를 받는 경우에도 세입자의 전세보증금을 제외한 나머지 금액을 준비해야 합니다. 베란다 확장이나 기타 옵션을 넣었다면 그에 대한 잔금도 정산해야 합니다.

중도금과 달리 잔금은 건설사와 계약자 간 계약에 따른 금액으로 입주 지정기간을 지나 잔금을 정산하지 못했더라도 개인 신용의 문제는 발생하지 않습니다. 다만 계약불이행으로 계약서에 적힌 이율만큼의 연체이자가 가산됩니다. 일반적으로 8%~11% 수준입니다. 분양가 5억 원 아파트에 잔금이 1억 5천만 원이라면 한 달에 백만 원 이상의 이자가 붙습니다.

마지막 정산 금액은 앞에서 말한 중도금 대출이자, 연체이자 등입니다. 중도금은 금액이 크기 때문에 대출이자도 큽니다. 이를 염두에 두고 지출을 대비해야 합니다. 이와 별개로 금액은 크지 않지만 선수 관리비(아파트 관리사무소에서 미리 받아두는 관리비 예치금으로 보통 아파트 매매시 승계합니다) 등의 부대비용도 있습니다.

저는 입주 지정기간 2주를 넘기고 세입자를 구했습니다. 세입자를 빨리 구하기 위해 여러 중개사무소에 물건을 내고 수수료 두 배를 제시했습니다. 시스템 에어컨도 설치해주었습니다. 약간의 연체 이자는 냈지만 문제를 해결할 수 있었습니다. 입주장 물량 앞에 장사 없다는 말을 실감했던 경험이었습니다. 게다가 이사를 하려다가도 포기하는 사람들이 많아졌던 때라 입주기간 종료일이 가까워올수록 날짜를 맞추기는커녕 유예기간 안에도 해결하지 못할까 봐 조마조마했습니다. 부동산에 이틀에 한 번 꼴로 현황을 물었고 비상 대비책으로 받을 수 있는 대출도 알아보며 다녔습니다. 건설사에 연락을 취해 잔금 연체 시 발생할 수 있는 문제에 대해서도 문의를 했습니다. 잔금을 치르지 못하면 바로 신용에 문제가 생길 거라고 생각했는데 상담을 통해 문제 해결 방향을 찾을 수 있었습니다. 이렇게 노력하지 않았더라면 더 늦어지거나 막연한 불안감에 휩싸여 있었을 것입니다.

당연히 최선은 미리 입주를 준비하고 문제없이 절차대로 입주하는 것입니다. 임대를 할 생각이라면 한두 달 전에 미리 주변 부동산에 방문해 시세를 가늠하고 분위기를 살펴 경쟁력 있게 물건을 내놓는 것도 중요합니다. 그렇지만 어떤 사정이 생겨 입주 지정 기간 종료일을 넘기면 중도금 대출 상환 문제와 잔금 연체이자 등의 문제가 발생하는데 그렇다고 단칼에 계약 해지나 신용불량 등의 법적 문제가 발생하는 것은 아닙니다. 중도금 대출의 경우 약 한 달의 유예기간이 더 주어질 수 있고 잔금은 연체이자를 지불하면 준비할 수 있는 시간을 벌 수 있습니다. 최악의 상황이라 하더라도 해결책이 없는 것은 아니니 주어진 시간 동안 적극적으로 노력해야 합니다.

분양권 거래

입주하지 못하거나 분양 계약에 들어간 금액을 회수해 다른 곳에 사용하려고 할 때 등 매도자의 사정으로 시장에 나온 분양권을 거래할 수 있습니다. 분양권은 등기하지 않은 상태로 입주할 수 있는 권리에 프리미엄을 얹어 사고팔 수 있기 때문에 손 바뀜이 상대적으로 쉬운 자산 중 하나입니다.

다만 해당 아파트가 입주자 모집공고 시점에 전매제한 대상이었다면 아무 때나 거래를 할 수 없습니다. 전매제한이란 분양을 받은 후 당첨자 발표일을 기준으로 일정 기간 동안 매매를 금지하는 제도입니다.

최근에는 그 규제가 더욱 강화되어 2020년 8월 이후부터 수도권 및 지방 광역시의 분양권은 소유권 이전 등기일까지 전매를 할 수 없게 되었습니다. 수도권의 부동산 인기 지역이 조정대상지역 등으로 규제를 받자 풍선효과로 그 주변 지역 및 대도시 부동산 거래가 활발해지면서 집값이 상승했기 때문입니다.

세종특별자치시와 대전광역시는 지속적으로 부동산 가격이 급등해온 지역입니다. 현재는 그 기운이 인근 청주 및 충남 지역으로 퍼지고 있을 정도입니다. 인기 있는 아파트의 분양권 프리미엄은 3억 원~5억 원까지 거래가 이루어졌습니다. 이러한 세태에 전매제한은 분양권이 또다른 투기 수단으로 활용되는 문제를 막기 위한 취지로 도입되었습니다.

분양권 전매는 어떻게 이루어질까요? 우선 매수자 입장에서 분양권을 살 수 있는 방법은 첫째, 당첨자의 미계약분이나 미분양 물량을 노리는 것. 둘째, 프리미엄을 주고 사는 것입니다. 첫 번째 방법은 앞서 말한 무순위 청약입니다. 청약 당첨자가 계약을 포기하거나 미분양으로 나온 물량을 무작위 추첨으로 받을 수 있습니다. 엄밀히 말하면 분양권 전매는 아니고 청약에서 떨어지더라도 분양권을 취득할 수 있는 기회라고 볼 수 있습니다. 이마저 실패했을 때, 프리미엄을 주고 분양권을 매수할 계획을 세울 수 있습니다. 분양권은 실물 자산이 아니라 권리이기 때문에 이 권리를 가지고 있음으로써 미래에 누릴 수 있는 가치를 금액으로 환산해 거래합니다. 어느 분양권에 피가 얼마 붙었다고 할 때, 그 피는 'Premium'의 P입니다. 청무피사라는 말도 있습니다. '청약은 무슨, 피주고 사'의 줄임말로 청약 규제가 강화되어 당첨 확률이 낮아진 상황을 비꼬는 표현입니다.

분양권 거래를 할 때 이 피가 문제를 일으키기도 합니다. 미등기 자산이기 때문에 다운 거래가 공공연히 일어나는 것입니다. 가령 실제 거래 프리미엄은 2억 원이지만 계약서 상에는 1억 원만 쓰고 1억 원은 따로 전달하는 것입니다. 이에 지자체에서는 다운거래가 이루어졌다고 의심되는 경우 계약 당사자에게 소명 요구서를 발송합니다. 또는 단지 담합으로 프리미엄이 터무니없이 높게 책정되기도 합니다. 분양권 거래를 할 때 실거래가와 주변 시세를 잘 따져봐야 하는 이유입니다.

일반 주택 매수와는 다른 분양권 거래

계약 방법은 일반 주택 거래와 비슷한 듯 다릅니다. 어느 지역의 A 아파트 34평을 5억 2천만 원에 분양했다고 가정해보겠습니다. 비슷한 입지의 주변 아파트 시세는 6억 원입니다. 그렇다면 A 아파트를 분양받은 계약자가 이 분양권을 팔려고 할 때는 분양가에 1억 원의 프리미엄을 붙여 내놓을 수 있습니다. 시세와 맞추면서 신축 프리미엄을 좀 더 얹는 것입니다. 그럼 매수자는 계약자가 미리 지불한 분양 계약금과 프리미엄을 지불함으로써 명의 변경을 통해 이 계약을 승계받습니다. 계약금이 10%였다면 5,200만 원과 1억 원을 합한 총 1억 5,200만 원이 필요합니다. 이 부분에서 분양권은 기존 주택 매수보다 좀 더 가볍게 접근할 수 있습니다.

기존 주택은 계약 시점에 계약금을 내면 두세 달 내 잔금을 치러야 하지만 분양권은 매수 시점에 따라 일정 금액으로 권리를 확보하고 입주 때까지 시간을 벌 수 있습니다. 당장은 취득세 등의 부대비용도 들어가지 않습니다.

분양권 매매 계약을 체결하기로 하고 계약서를 작성했다면 매도자와 매수자는 분양사무실에서 예약한 날에 다시 만납니다. 건설사에 전매가 되었음을 알리고 계약서상 명의를 변경하기 위해서

입니다. 계약자가 중도금 대출을 실행했다면 그 대출 승계를 위해 대출서류를 준비해 은행도 미리 방문해야 합니다. 이렇게 부동산, 은행, 분양사무실에서의 모든 절차가 마무리되었을 때 비로소 새로운 이름이 찍힌 분양계약서를 받아볼 수 있습니다. 일반 부동산이 중개사무실에서 매매계약으로 정리되는 것과 달리 분양권 거래는 이렇게 약간의 추가 과정이 필요합니다.

내 청약통장 사용설명서

지은이 | 눈을떠요

초판 1쇄 발행 | 2020년 9월 21일
일부 개정 3쇄 발행 | 2022년 9월 9일

펴낸이 | 이한나
교정교열 | 정지수
일러스트 | 혜즘
디자인 | 디박스

펴낸곳 | 세이지(世利知)
등록 | 2016년 5월 16일 2016-000022호
주소 | 경기도 군포시 용호2로 54번길11, 504호
대표전화 | 070-8115-3208
팩스 | 0303-3442-3208
메일 | booksage@naver.com
ISBN | 979-11-89797-06-5 03320

내 통장 사용설명서 3.0

목적에 맞게 돈이 차오르는
대한민국 필수 통장 7 완벽 활용법

지은이 이천 | 경제경영 · 재테크 | 값 16,000원

"이책이 은인이었다" 12년간 50만 독자와 함께한 재테크 분야의 스테디셀러
자산 관리는 결국 통장 선택의 문제다. 자산이 많은 고객도, 첫 월급을 받은
신입사원도 결국에는 7개의 통장을 만들고 불리는 과정으로 부자가 됐다.
자산의 뼈대를 세우는 월급통장, 예금·적금 통장부터 돈을 불리는 주식계좌,
집을 마련하고 노후를 준비하며 위험을 대비하는 청약, 보험, 연금까지,
상품의 바탕 지식부터 전략적 활용법까지 재테크를 시작하는 사람을 위한
눈높이 맞춤 지도서.

나는 노후에
가난하지 않기로 결심했다

한 달 30만 원으로 레벨업하는 ETF 연금저축의 기적

지은이 서대리 | 경제경영 · 재테크 | 값 16,500원

"연금저축, 이건 미친 상품입니다!" 연금 절세상품 3총사 완벽 정복
월급을 녹이는 인플레이션 속, 주가의 변동폭이 커질수록 미래 연금 수익이
불어나는 인기 유튜버 '서대리TV'의 900만 뷰 'No 스트레스' 연금저축 수업!
나라가 밀어주고 시간이 불려주는 연금저축. 리스크는 최소로, 수익률은
최대치로 끌어올리는 종목과 투자 방법은 무엇일까? 평범한 사람들의 노후를
구해줄 소름돋는 연금계좌의 200% 활용법을 공개한다. 한국에서 출간된 책
중 가장 쉽고 자세한 연금저축 이야기.

3인 가족 재테크 수업

부부와 외동아이, 돈에서 자유로워지는

지은이 이천 | 경제경영 | 값 14,500원

"아이는 하나인데 왜 돈은 더 많이 쓸까요?"

아이가 하나라 가족끼리 결속력도 크지만 리스크도 안고 있는 3인 가족.
대한민국 1세대 재무설계 전문가가 100여 케이스가 넘는 3인 가족과의 상담을
바탕으로 3인 가족이 반복하게 되는 함정과 반드시 준비해야 할 재무 이슈
자녀교육비, 내집마련, 노후준비를 바탕으로 가족의 행복을 만들어갈 재무 설계
방법을 전한다.

탐나는 프리미엄 마케팅

비싸고 더 잘 팔리는 브랜드의 경험 설계 전략

지은이 최연미 | 경제경영 · 재테크 | 값 14,500원

"우리가 마케팅하면 시장 규칙이 바뀐다, 돈을 쏟아 붓지 않아도"

세계 도처에서 고객들을 줄세우는 정교한 프리미엄 마케팅 전략
기존에 없던 방식으로 새로운 시장을 발빠르게 개척하는 글로벌 브랜드의
마케팅 설계도를 한국에 쉐이크쉑을 성공적으로 론칭시킨 저자가 그간
경험하고 교류한 수많은 프리미엄 브랜드의 성공 공통분모를 찾아 이 책에서
풀어낸다.

당신은 AI를 개발하게 된다 개발자가 아니더라도

AI 제품을 개발하고 경영하는 방법에 관한 강력한 실무 가이드

지은이 얼리사 심프슨 로크워거 외 | 값 16,000원

"불을 만지기 전 불을 다루는 법 배우기"

AI를 개발하는 일은 매우 복잡하고 빅테크 기업만 할 수 있는 거대한 일처럼 느껴진다. 하지만 이제 AI 전략이 없는 기업은 2002년에 웹 전략이나 2008년에 모바일 전략을 포기한 회사와 다르지 않다. 구글, 테슬라, 뉴욕타임스, 아마존, 애플 등 글로벌 테크 기업들의 성공과 실패 사례로 복잡한 코드 없이 AI 개발의 실제와 이해를 돕는 실무 가이드.

잡지의 사생활

미감과 호기심, 대화와 물건으로 이루어진 매체를 서울에서 만드는 일에 대하여

지은이 박찬용 | 에세이 | 값 14,000원

"책보다 빠르고 신문보다 깊은 매체를 만드는 창의적 노동에 관하여"

1억 4천만 원짜리 손목시계부터 벼룩시장에 나온 밥그릇까지, 욕망을 자극하는 화보부터 속 깊은 인터뷰, 차가운 칼럼까지, 월간 〈에스콰이어〉 피처 에디터였고 현재 매거진 〈B〉 에디터 박찬용이 잡지를 만든 경험과 고민, 매체 안팎에 얽힌 궁금증, 잡지 에디터의 삶에 대해 이야기한다.

생활의 미학

비우며 발견하는 행복, 나와 친해지는 시간

지은이 고명한 | 에세이 | 값 13,500원

"삶의 본질은 밖이 아닌, 단순하고 반복적인 일상 안에서 찾는 것입니다"
네이버 블로거 '본질찾기'가 전하는 비움의 철학과 생활의 노하우

과감히 비우는 것과 살림 이야기로 유명한 네이버 블로거인 저자는 비우는 삶을
실천하는 방법과 나를 찾아가는 여정을 1년 동안의 사진과 글을 통해 전한다.
갖추지 않고도 풍요로운 삶을 살 수 있는 방법을 제안하고, 덜어냄으로써 다
갖추게 된 소박한 일상 속으로 우리를 초대한다.

나이 들면 즐거운 일이
없을 줄 알았습니다

단단하고 행복해지는 중년, 삶의 새로운 속도와 리듬

지은이 전윤정 | 에세이 | 값 14,000원

"나이 드는 몸 이야기 말고 나를 행복하게 해주는 방법이 이렇게 많았다니"
나이 먹으면 친구를 사귀지 못할 줄 알았고, 나이 먹으면 즐거운 일이 없을
줄 알았다. 하지만 삶은 예상치 못한 곳에 선물을 숨겨놓았다는 것을 알게
되었다. 여성·사회학적 관점을 바탕으로 변해가는 중년의 몸과 출렁이는 마음을
진단하고, 나다운 삶을 살아갈 지혜와 방법을 재치 있고 유머러스하게 전한다.